Yo, _____

dedico este libro a _____:

Que el «Maestro de maestros» le enseñe que en las fallas y lágrimas se
talla la sabiduría.

Que el «Maestro de las emociones» le enseñe a contemplar las cosas
sencillas y a navegar en las aguas de los sentimientos.

Que el «Maestro de la vida» le enseñe a no tener miedo de vivir y a
superar los momentos más difíciles de su historia.

Que el «Maestro del amor» le enseñe que la vida es el espectáculo más
grande en el teatro de la existencia.

Que el «Maestro inolvidable» le enseñe que los débiles juzgan y
desisten, mientras los fuertes comprenden y tienen esperanza.

No somos perfectos. Decepciones, frustraciones y pérdidas siempre
ocurrirán.

Pero Dios es el artesano del espíritu y del alma humana. No tenga
miedo.

Después de la noche más larga surgirá el amanecer más bello. Espérelo.

_____/_____/_____

Análisis de la Inteligencia de Cristo

El Maestro
de las
emociones

DR. AUGUSTO CURY

Análisis de la Inteligencia de Cristo

El Maestro
de las
emociones

*Jesús, el mayor especialista
en el área de los sentimientos*

GRUPO NELSON
Una división de Thomas Nelson Publishers
Desde 1798

NASHVILLE DALLAS MÉXICO DF. RÍO DE JANEIRO BEIJING

© 2008 por Augusto Cury
Publicado en Nashville, Tennessee, Estados Unidos de América.
Grupo Nelson, Inc. es una subsidiaria que pertenece
completamente a Thomas Nelson, Inc.
Grupo Nelson es una marca registrada de Thomas Nelson, Inc.
www.gruponelson.com

Título en portugués: *O Mestre da Sensibilidade*
© 2006 por Augusto Jorge Cury
Publicado por GMT Editores Ltda.
Rio de Janeiro, Brasil

Traducción: *Maria Fernanda Oliveira*
Adaptación del diseño al español: *www.blomerus.org*

ISBN: 978-1-60255-133-6

Impreso en Estados Unidos de América

08 09 10 11 12 BTY 9 8 7 6 5 4 3 2 1

Él tenía todos los motivos para sufrir de depresión y ansiedad,
Pero nunca alguien fue tan feliz y libre en el área de la emoción.

Contenido

Prefacio

El Maestro de las emociones es parte de la colección Análisis de la Inteligencia de Cristo. Aunque hay interrelación entre los libros, estos se pueden leer separadamente sin seguir una secuencia.

El Maestro de las emociones tuvo su vida marcada por desafíos, pérdidas, frustraciones y sufrimientos de toda clase. Tenía todos los motivos para sufrir de depresión durante la trayectoria de su existencia, pero no la manifestó; al contrario, era alegre y seguro en el área de las emociones. Tenía también todos los motivos para padecer de ansiedad, pero no la demostró; al contrario, era tranquilo, lúcido y sereno. Sin embargo, en el Getsemaní expresó que su alma estaba profundamente triste. ¿Qué vivió él en aquel momento: depresión o una reacción depresiva momentánea? ¿Cuál es la diferencia entre esos dos estados? ¿Cuáles fueron las conductas que Cristo mostró para controlar sus pensamientos y superar su dramática angustia?

Jesús dijo: «Padre mío, si es posible, pase de mí esta copa; pero no sea como yo quiero, sino como tú» (Mateo 26.39). ¿Habrá vacilado ante su dolor? Algunos consideran esa petición de Cristo como un retroceso y cierta vacilación. No obstante, si estudiamos detenidamente su comportamiento, comprenderemos que declaró en aquella noche densa y fría el más bello poema de libertad, resignación y autenticidad.

Estaba plenamente consciente de la copa que iba a beber. Sería golpeado, azotado, burlado, escupido; tendría una corona de espinas clavada en la cabeza y, por fin, pasaría seis largas horas en la cruz hasta sufrir un paro cardíaco.

La psicología y la psiquiatría tienen mucho que aprender de los pensamientos y las reacciones que el maestro expresó a lo largo de su historia, principalmente en sus últimos momentos. Frente a las más dramáticas situaciones, demostró ser el Maestro de maestros de la escuela de la vida. Los sufrimientos, en lugar de abatirlo, expandían su sabiduría. Las pérdidas, en lugar de destruirlo, refinaron su arte de pensar. Las frustraciones, en lugar de desanimarlo, renovaron sus fuerzas.

La misión, el propósito u objetivo de Jesucristo es impresionante. No quería simplemente poner a los seres humanos en una escuela de sabios, sino más bien sumergirlos en la eternidad. Valoraba demasiado al ser humano, por eso nunca desistió de nadie por más que lo frustrasen. Bajo su cuidado afectuoso, las personas comenzaban a ver la vida desde otra perspectiva.

Investigar la personalidad de Jesucristo nos hará aprender mecanismos para desarrollar nuestra calidad de vida y prevenir las enfermedades síquicas más frecuentes de la actualidad: la depresión, el estrés y la ansiedad.

Augusto Jorge Cury

Introducción

Este libro, así como los otros de esta colección, no se trata de religión, no es un estudio teológico, sino un análisis psicológico de la humanidad de Cristo. Aunque no trate de teología, probablemente abordaré detalles aún no investigados teológicamente.

Podemos investigar grandes pensadores como Platón, Montesquieu, Descartes, Marx, Max Weber, Adam Smith, Hegel, Freud, Jung, Darwin. Sin embargo, nadie fue más complejo, interesante, misterioso, intrigante y difícil de comprender que Cristo. Como veremos, no solo provocó perplejidad en las personas más cultas de su época, sino que aún hoy sus pensamientos e intenciones logran perturbar la mente de cualquiera que quiera estudiarlo con profundidad y sin prejuicios.

Jesús revolucionó al mundo con su vida y su historia. Hay más de dos mil millones de personas pertenecientes a innumerables religiones que dicen amarlo. Sin embargo, no se puede amar a alguien que no se conozca. Y no es posible conocer adecuadamente a Jesucristo sin estudiar los últimos días de su vida, pues allí están expresados los secretos de su compleja misión, así como los más dramáticos elementos que forjaron su copa, su sufrimiento.

Él usó cada segundo de su tiempo, cada pensamiento de su mente y cada gota de su sangre para cambiar el destino no solo del pueblo judío, sino de toda la humanidad. Nadie fue como Él.

Hizo milagros espectaculares, alivió el dolor de todas las personas que lo buscaban o que cruzaban su camino, pero cuando tuvo que aliviar el propio, actuó con naturalidad, negándose a usar su poder.

El Maestro de la vida afirmó categóricamente: «Mas para esto he llegado a esta hora» (Juan 12.27). Su objetivo fundamental concluiría en los últimos momentos de su historia. Por lo tanto, si queremos conocerlo profundamente, necesitamos sumergirnos en el contenido de los pensamientos y emociones que expresó antes de ser arrestado, juzgado y sufrir muerte clínica. Ellos revelan sus más complejos e importantes secretos.

Aunque esta obra tenga algunas limitaciones, mi deseo es que llegue a ser de gran ayuda para los que admiran y aman a ese personaje cuya existencia en la tierra data de más de dos mil años. Al mismo tiempo, reafirmo que este libro no se escribió solo para cristianos, sino para personas pertenecientes a toda cultura y religión: judíos, budistas, islámicos y otros. También está dirigido a los ateos, pues igualmente tienen derecho a estimular su inteligencia a partir de las nobilísimas funciones intelectuales del Maestro de Nazaret.

Acerca del ateísmo, debo decir que después de haber estudiado su dimensión síquica y filosófica, puedo afirmar que no hay ateo, pues todo ateo es el «dios de sí mismo». ¿Por qué? Porque —a pesar de desconocer innumerables fenómenos de la existencia, como los misterios del universo, los secretos del tiempo y de la construcción de la inteligencia

14

humana—, los ateos poseen la creencia de que Dios no existe en la forma absoluta que solo un «dios» podría asumir. Todo radicalismo intelectual encajona a la inteligencia y lastima el buen sentido.

Me gustaría invitar a todos los lectores, ateos o no, a que juntos estudiemos la personalidad de Aquel que revolucionó la trayectoria humana, expresada en sus cuatro biografías, las cuales son los cuatro evangelios.

Aunque excelentes escritores ya hayan hablado acerca de diversos aspectos de la vida de Jesucristo, en este estudio raramente usaré alguna de sus referencias. Mi deseo es regresar al comienzo y realizar un análisis a partir de lo que Cristo habló, enseñó, declaró, manifestó y dejó entrever en sus pensamientos y sus momentos de silencio. Estudiarlo es una aventura que todos los seres pensantes deberían emprender.

El objetivo del sorprendente Maestro de Nazaret era romper la cárcel intelectual de los seres humanos estimulándolos a ser libres en el territorio de la emoción. Por eso, exponía sus ideas y nunca las imponía. Hace dos mil años surgió un hombre que invitó a las personas a pensar en los misterios de la vida.

Cada lector tiene sus convicciones personales que deben ser ejercitadas con libertad y conciencia crítica. La divinidad de Cristo es una de esas convicciones. Pero aunque ella no se acepte, la personalidad del Maestro de Nazaret es tan atrayente que es posible extraer de ella sabiduría y bellísimas lecciones existenciales.

En muchas partes comentaré acerca de fenómenos no observables que están presentes en los discursos finales de Cristo, tales como la victoria sobre la muerte, la eternidad, los límites del tiempo, su poder sobrenatural. Pero quiero que el lector tenga presente que al estudiarlo, no estaré investigando los puntos relacionados con la fe o las convicciones íntimas, sino los intrigantes fenómenos vinculados con su plan transcendental.

Cristo viene de la palabra griega *Mashiah* (Mesías), que significa «el ungido». Jesús viene de la forma griega y latina del hebreo *Jeshua*, que significa «el Señor es la salvación». Usaré los nombres Cristo, Jesús y Maestro de Nazaret indistintamente, sin la intención de estudiar el significado de cada uno. Solo en algunos momentos daré preferencia específica a uno u otro y, cuando lo hiciere, el propio texto dejará clara mi intención.

Muchos lectores del primer libro de esta colección me enviaron correos electrónicos y cartas diciendo que después de la lectura, abrieron las ventanas de sus mentes y se impresionaron con la personalidad de Cristo. Creo que en este segundo libro quedaremos más encantados y hasta perplejos de la osadía y la complejidad de los pensamientos del Maestro de Nazaret, muchos de ellos producidos durante el punto culminante de su dolor.

Aunque este libro sea un estudio de filosofía y psicología, el lector encontrará continuamente referencias a textos del Antiguo y del Nuevo Testamento, señalando al autor, el capítulo y el versículo en el que se encuentran. Sugiero que, independientemente de su creencia, usted tenga una Biblia al alcance. La lectura de esos textos en el contexto más amplio en que se presentan, traerá un mayor conocimiento de esa figura única y fascinante que con sus palabras, sus gestos y sus actitudes, revolucionó al mundo y al espíritu humano.

1 | La madurez revelada en el caos

E s fácil reaccionar y pensar con lucidez cuando un suceso toca nuestra puerta, pero es difícil conservar la serenidad cuando las pérdidas y dolores de la existencia nos invaden. Muchos, en esos momentos, revelan irritación, intolerancia y miedo. Si queremos observar la inteligencia y la madurez de alguien, no debemos analizarla en las primaveras, sino en los inviernos de la existencia.

Muchas personas, incluso intelectuales, se portan con elegancia mientras el mundo los elogia, pero se turban y reaccionan impulsivamente cuando los fracasos y los sufrimientos cruzan las avenidas de sus vidas. No logran superar las dificultades y ni siquiera extraer lecciones de las turbulencias.

Hubo un hombre que no se abatía al ser contrariado. Jesús no se turbaba cuando sus seguidores no correspondían a sus expectativas. A diferencia de muchos padres y educadores, usaba cada error y dificultad de sus íntimos no para acusarlos y disminuirlos, sino para que evaluasen sus propias historias. El Maestro de la escuela de la vida no se preocupaba mucho por corregir los comportamientos manifiestos de los más cercanos, pero se empeñaba en estimular sus pensamientos y en que expandieran la comprensión de los horizontes de sus vidas.

Era amigo íntimo de la paciencia. Sabía crear una atmósfera agradable y tranquila, aun cuando el ambiente a su alrededor estuviera turbulento. Por eso decía: «Aprended de mí, que soy manso y humilde...» (Mateo 11.29).

Su motivación era segura. Todo en torno a Él, conspiraba en su contra, pero absolutamente nada abatía su ánimo. Aún no había pasado por el caos de la cruz. Su confianza era tanta que ya proclamaba por anticipado la victoria sobre una guerra que aún no se había luchado y que, peor aun, enfrentaría solo y sin armas. Por eso, a pesar de ser quién debía recibir aliento de sus discípulos, logró reunir fuerzas para animarlos momentos antes de su partida, diciendo: «Pero confiad, yo he vencido al mundo» (Juan 16.33).

Muchos psiquiatras y psicólogos muestran lucidez y coherencia cuando hablan acerca de los conflictos de sus pacientes, pero al tratar de los problemas, pérdidas y fracasos propios, muchos dejan caer su estructura emocional y cierran las ventanas de su inteligencia. En los terrenos sinuosos de la existencia es donde se evalúan la lucidez y la madurez emocional.

A lo largo de mi experiencia como profesional en el área de la salud mental y como investigador de la psicología y la educación, quedé convencido de que no existen gigantes en el territorio de la emoción. Podemos liderar al mundo, pero tenemos inmensa dificultad en controlar nuestros pensamientos en los momentos de estrés. Muchas veces nuestros comportamientos son inadecuados, innecesarios e ilógicos ante determinadas frustraciones.

El Maestro de la escuela de la vida sabía de las limitaciones humanas, sabía cuán difícil es gobernar nuestras reacciones en los momentos estresantes. Estaba consciente de que fácilmente nos equivocamos y nos castigamos o castigamos a los demás. Pero siempre quería aliviar el sentimiento de culpa que aplasta las emociones y crear un clima tranquilo y solidario entre sus discípulos. Por eso, un día les enseñó a recapacitar y orar, diciendo: «Perdónanos nuestras deudas, como también nosotros perdonamos a nuestros deudores» (Mateo 6.12).

Quienes viven bajo el peso de la culpa, se lastiman continuamente a sí mismos y se vuelven sus propios verdugos. Pero el que es radical y excesivamente crítico de los demás, se vuelve un «verdugo social».

En la escuela de la vida no hay graduación. Cualquiera que se sienta «graduado» hace morir su creatividad, pues va perdiendo la capacidad de asombrarse de los misterios que la gobiernan. Todo se vuelve común para él, no habiendo nada que lo anime y lo estimule. En la escuela de la vida, el mejor alumno no es aquel que está consciente de lo que sabe, sino de cuánto no sabe. No es aquel que proclama su perfección, sino el que reconoce sus limitaciones. No es aquel que proclama su fuerza, sino el que educa su sensibilidad.

Todos pasamos por momentos de vacilación e inseguridad. No hay quien no sienta miedo y ansiedad en determinadas situaciones. No hay quien no se irrite delante de ciertos estímulos. Tenemos debilidades. Solamente no las ve el que no logra mirar su propio interior. Unos vierten lágrimas húmedas; otros, secas. Unos exteriorizan sus sentimientos; otros, al contrario, los reprimen. Algunos, superan con facilidad ciertos estímulos estresantes, pareciendo ser muy fuertes, pero tropiezan con otros aparentemente ordinarios.

Ante las curvas que da la vida, ¿cómo se puede evaluar la sabiduría y la inteligencia de alguien? ¿Cuándo toca la puerta el suceso, o cuándo enfrenta el caos?

Es fácil mostrar serenidad cuando nuestra vida transcurre como un jardín tranquilo; es difícil cuando ella depara los dolores propios. Los momentos finales de la vida de Cristo estuvieron definidos por sufrimientos y aflicciones. ¿Habría conservado su brillo intelectual y emocional en medio de tan fuertes tempestades?

El Maestro brilló en la adversidad;
síntesis de las funciones de su inteligencia.

En el primer libro estudiamos la inteligencia insuperable de Cristo. Él no frecuentó la escuela, era un simple carpintero pero, para sorpresa nuestra, expresó las funciones más ricas de la inteligencia; era un especialista en el arte de pensar, en el arte de oír, en el arte de exponer y no imponer ideas; en el arte de reflexionar antes de reaccionar. Era un maestro de la sensibilidad y un agradable narrador de historias. Sabía despertar la sed de saber en las personas, vacunarlas contra la competencia predatoria y el individualismo, estimularlas a pensar y desarrollar el arte de la tolerancia y la cooperación. Además de eso, era alegre, tranquilo, lúcido, coherente, estable, seguro, sociable, agradable y, por encima de todo, un poeta del amor y excelente inversionista en la sabiduría durante los inviernos de la vida.

Cristo fue visto a lo largo de los siglos como un sufrido que murió en la cruz. Tal concepto es pobre y superficial. Tenemos que analizar a Jesucristo en su grandiosidad. En un solo párrafo enumeré veinte características notables de su inteligencia. ¿Quién en la historia manifestó las características del Maestro de Nazaret? Rara vez alguien tiene media docena de esas características en su propia personalidad. Ellas son universales y por eso fueron buscadas en forma incansable por los intelectuales y pensadores de todas las culturas y sociedades.

A pesar de Cristo haber poseído una compleja y rica personalidad, difícilmente la gente se siente cómoda de hablar de Él en público porque hay siempre el recelo de ser vinculado a alguna religión. Pero es necesario hablar de Él en forma franca, desprendida e inteligente. Aquel que tuvo la personalidad más espectacular de todos los tiempos, es merecedor de un estudio al nivel de su importancia. Desafortunadamente, hasta en las escuelas de filosofía cristiana se investiga muy poco su vida y su inteligencia; cuando mucho, se presentan brevemente en las clases de enseñanza religiosa.

Hace poco tiempo, mi hija mayor me mostró un libro de historia general. Por increíble que parezca, allí se resume en solo una frase la vida de Aquel que dividió la historia de la humanidad. ¿Cómo es eso posible? El texto relata solamente que Jesús nació en Belén, en la época del emperador romano Augusto, y murió en la época de Tiberio. Ni siquiera los libros de historia le dan honor.

La superficialidad con que Jesús fue tratado a lo largo del tiempo, así como otros hombres que brillaron por su inteligencia, es uno de los motivos que conducen a los jóvenes de hoy a no crecer como pensadores.

Los educadores no han logrado reproducir el brillo de la sabiduría de Cristo. No logran incluirlo en las clases de historia, filosofía o psicología. Son tímidos y reprimidos, no consiguen proponerles a los alumnos una discusión acerca de Jesús, no en el aspecto religioso, sino resaltando su humanidad y su compleja personalidad. Yo realmente creo que en las propias escuelas que desprecian cualquier valor espiritual, como sucede en Rusia, la enseñanza constante de la historia de Jesús podría revolucionar la forma de pensar de los alumnos.

Si en las escuelas que siguen las filosofías budistas, hinduistas, islámicas y judías también se estudiaran las características fundamentales de la inteligencia del Maestro de Nazaret entre los alumnos del nivel básico, intermedio y universitario, habría mejores condiciones para formar pensadores, poetas de la vida, personas capaces de sembrar solidaridad y sabiduría en la sociedad.

Una crisis en la formación de pensadores para el Tercer Milenio

Una importante investigación que realicé con más de mil educadores de centenas de escuelas mostró que 97% de ellos consideran que las características vividas y enseñadas exhaustivamente por el Maestro de Nazaret son fundamentales para la formación de la personalidad humana. Sin embargo, para espanto nuestro, más del 73% de los educadores dijo que la enseñanza clásica no había logrado desarrollar esas funciones. Eso muestra que la educación, aunque dirigida por profesores dedicados, verdaderos héroes anónimos, atraviesa una grave crisis.

Por lo tanto, la educación ha contribuido poco a la formación de la personalidad y el arte de pensar. La escuela y los padres están perdidos y confundidos acerca del futuro de los jóvenes.

En el VII Congreso Internacional de Educación[1] dicté una conferencia sobre el tema «El funcionamiento de la mente, y la formación de pensadores para el Tercer Milenio». En esa ocasión, comenté con los educadores que en el mundo actual, aunque se hayan multiplicado las escuelas y la información, no aumentamos en la misma proporción la formación de pensadores. Estamos en la era de la información y la

---

[1] Ocurrido en el Palácio do Anhembí, São Paulo, Brasil, mayo del 2000.

informática, pero las funciones más importantes de la inteligencia no se están desarrollando.

Por lo visto, las personas del siglo XXI serán menos creativas que las del XX. Hay en el aire una idea de que las personas del futuro serán repetidoras de informaciones, no pensadoras. Serán personas con más capacidad de dar respuestas lógicas, pero menos capaces de dar respuestas a la vida, o sea, con menos capacidad de superar desafíos, o de contemplar lo bello, de tratar con sus dolores, enfrentar las contradicciones de la existencia y discernir los sentimientos más ocultos en los demás. Desafortunadamente, tendrán dificultad para proteger sus emociones y serán susceptibles a enfermedades síquicas y psicosomáticas.

La culpa no es de los profesores. Ellos hacen un trabajo estresante y, aunque ni siquiera reciban un sueldo digno, enseñan frecuentemente como poetas de la inteligencia. La culpa está en el sistema educativo que se ha arrastrado hace siglos, basado en teorías que comprenden poco tanto el funcionamiento multifocal de la mente humana como el proceso de construcción de pensamientos.[2] Por eso encierra a los alumnos en los salones de clase y los transforma en espectadores pasivos del conocimiento, y no en agentes transformadores de su historia personal y social.

El Maestro de Nazaret quería producir personas que se interiorizasen y fueran ricas y activas en lo íntimo de sus inteligencias. Pero vivimos en una sociedad que valora los aspectos exteriores del ser humano. La competencia predatoria, la paranoia de la estética y del consumismo han herido al mundo de las ideas, dificultando el proceso de autoevaluación y búsqueda de un sentido más noble para la vida.

---

[2] Augusto J. Cury, *Inteligência Multifocal* (São Paulo: Cultrix, 1998).

Hemos alterado los valores: el paquete vale más que el contenido, la estética más que la realidad. ¿Y el resultado de eso? Desafortunadamente está en los consultorios de psiquiatría y de medicina general. La depresión, los trastornos de ansiedad y las enfermedades psicosomáticas ocuparán los primeros puestos como las enfermedades del siglo XXI. Por favor, no vamos a atribuir la culpa de esos trastornos síquicos a la famosa serotonina contenida en el metabolismo cerebral. Necesitamos tener una visión multifocal y darnos cuenta de que hay importantes causas síquicas y psicosociales en los salones de clase.

Los jóvenes, así como los adultos, no están aprendiendo a vivir como si la vida fuera un grandioso espectáculo. No se alegran por pertenecer a una especie que posee el mayor de todos los espectáculos naturales, el de la construcción de pensamientos. ¿Cómo es posible que un ser humano, tanto intelectual como alguien desprovisto de cualquier cultura académica, consiga en milésimas de segundo penetrar en su memoria y, en medio de billones de opciones, rescatar las informaciones que construirán las cadenas de pensamientos? ¿No se queda admirado de la mente humana? Yo me asombro de la construcción de la inteligencia. Es posible que nos quedemos encantados al percibir la complejidad hasta en la inteligencia de un niño deficiente mental o un autista.

En mi experiencia con niños autistas cuyo cerebro se ha conservado, comprobé que cuando estimulamos los fenómenos que forjan los pensamientos, muchos se abren para convivir socialmente como flores que rehúsan la soledad y quieren pertenecer a un jardín. Quien no es capaz de quedarse encantado con el espectáculo de los pensamientos, nunca se internó en las áreas más profundas de su propio ser. Los pensamientos más débiles que producimos son, aunque no nos demos cuenta, construcciones complejas. Tan complejas, que la psicología aún se considera como una «ciencia infantil» al buscar comprender los fenómenos vinculados a ellas.

Quien es incapaz de contemplar la vida tampoco logra hacerle un homenaje cada mañana. No consigue despertar y declarar: «Qué bueno es estar vivo. Puedo vivir el espectáculo de la vida un día más». Cuántas veces miramos el universo y declaramos que, aunque seamos tan pequeños, hundidos en tantas dificultades y errores, somos seres únicos y exclusivos. Seres que piensan y tienen conciencia de la propia existencia. Cristo vivía la vida como un espectáculo. El aburrimiento no era parte de su historia.

Oposición a las sociedades modernas

El Maestro de Nazaret tenía convicciones contrarias a las de su sociedad contemporánea. Estimulaba la inteligencia de las personas cercanas y las orientaba hacia el interior de sí mismas. Conduciéndolas a vivir como si la vida fuera un espectáculo de placer e inteligencia. Su presencia animaba el pensamiento y estimulaba el significado de la vida. Un día, señalando a un minusválido, unas personas que deseaban saber el porqué de aquella deficiencia, le preguntaron: «¿Quién pecó, éste o sus padres?» (Juan 9.2)

Aquellas personas esperaban que Jesús dijera que la deficiencia era culpa de algún error que aquel hombre o sus padres habrían cometido en el pasado. Tales personas eran esclavas de los antónimos correcto/ equivocado, pecado/castigo. Pero para sorpresa de ellas, Él dijo una frase difícil de interpretar: «No es que pecó éste, ni sus padres, sino para que las obras de Dios se manifiesten en él» (Juan 9.3).

Aparentemente eran palabras raras, pero con ellas Jesús puso los dolores de la existencia bajo otra perspectiva. A ninguno de nosotros nos gustan los sufrimientos y las dificultades de la vida. Buscamos extirparlos de nuestras historias a cualquier costo. Sin embargo, el Maestro de la escuela de la vida quería decir que se debía lidiar con el sufrimiento y superarlo dentro del espíritu y del alma. Tal superación producirá algo tan rico dentro de la persona deficiente que su limitación se convertirá en «gloria al Creador». En efecto, las personas que logran superar sus limitaciones físicas y emocionales (depresión, síndrome del pánico), se vuelven más bonitas, exhalan un perfume de sabiduría que anuncia que la vida vale la pena ser vivida, aunque tenga turbulencias.

Jesús quería expresar que era posible tener deficiencias y dificultades y, aun así, experimentar la vida como un espectáculo placentero. Un espectáculo que solo lo pueden vivir aquellos que saben conducirse internamente y se vuelven agentes trasformadores de la historia.

La lógica del Maestro tiene fundamento

Desde la perspectiva psiquiátrica, el Maestro tenía toda la razón, pues si transformamos a las personas que sufren en pobres miserables, en víctimas de la vida, destruimos su capacidad de crear y superar sus dolores. Transformar a un paciente en una pobre víctima de su depresión es uno de los más grandes riesgos de la psiquiatría. La persona que enfrenta con inteligencia y crítica su depresión, tiene mucho más posibilidades de superarla. Aquellos que temen al dolor tienen más dificultad en sanarse y más posibilidades de depender de su terapeuta.

En la actualidad, las personas, principalmente los jóvenes, no saben trabajar con las limitaciones, no saben qué hacer con sus dolores y frustraciones. Muchos quieren que el mundo gire alrededor suyo. Tienen gran dificultad en ver algo más que sus propias necesidades. En ese ambiente, la búsqueda del placer inmediato, la agresividad y la dificultad de ponerse en los zapatos del otro aumentan mucho. Delante de esas características, la educación no los alcanza y, por lo tanto, no rompe la rigidez intelectual en que se encuentran. Solo una revolución en la educación puede revertir ese cuadro.

Los años en que los alumnos están pasivamente sentados en los salones de clase del nivel básico son suficientes para producir un gran vacío en el proceso de formación de sus personalidades. Ellos nunca más lograrán alzar la mano en público y exponer sus dudas sin un alto costo emocional. El hecho de no estimular a los alumnos a participar como agentes activos en el proceso educacional, frena la creatividad y la libertad de expresar sus pensamientos, y eso sigue durante la formación universitaria y hasta el mismo posgrado o doctorado.

Una de las características fundamentales de Cristo era la capacidad de transformar a sus seguidores en personas activas, dinámicas, con habilidad de expresar sus sentimientos y pensamientos. Él no quería un grupo de personas pasivas, tímidas, con la personalidad anulada. En todo momento estimulaba la inteligencia de los que se le acercaban y buscaba liberarlos de su cárcel intelectual. Los textos de sus biografías son claros. Jesús enseñaba preguntando, estimulando la inteligencia y buscando romper toda timidez y toda distancia. No le gustaba promoverse. Aunque fuera reconocido como el Hijo de Dios, cruzaba su historia con la de los más cercanos y los consideraba sus amigos amados.

2 | El Sembrador de vida e inteligencia

El Sembrador de Galilea supera los métodos
de la educación moderna

Hay dos modos de hacer una hoguera: con semillas o con un poco de leña. ¿Cuál de ellas elegiría usted? Hacer una hoguera con semillas parece un absurdo, una locura. Todos, seguramente, escogeríamos la leña. Si embargo, el Maestro de Nazaret pensaba a largo plazo y por eso siempre escogía las semillas. Las plantaba, esperaba que los árboles crecieran, fructificasen miles de otras semillas y así proveería la leña para la hoguera.

Si escogía la leña, encendería la hoguera solamente una vez. Pero como prefería las semillas, la hoguera que encendía nunca más se apagaba. Un día se comparó con un sembrador que lanza semillas en los corazones. Un sembrador del amor, de la paz, de la seguridad, de la libertad, del placer de vivir, de la dependencia entre unos y otros.

Quien no alcanza a ver el poder encerrado en una semilla nunca cambiará el mundo que lo envuelve, nunca influirá en el ambiente social y profesional a su alrededor. Un cambio de cultura solo será legítimo y constante si ocurre por medio de las sencillas y ocultas semillas plantadas en la mente de los hombres y mujeres, no por medio de la imposición de pensamientos.

Nos gustan las llamas rápidas del fuego, las ideas relámpago de motivación pero, a veces, no tenemos paciencia ni habilidad para sembrar. El sembrador nunca está apresurado; pone más atención a las raíces que a las hojas. Vive la paciencia como un arte. Los padres, los educadores, los psicólogos, los profesionales de recursos humanos solo realizarían un trabajo bello y digno si aprendieren a ser simples sembradores, en lugar de proveedores de reglas y de información.

Las personas que más contribuyeron a la ciencia y al desarrollo social fueron aquellas que menos se preocupaban de los resultados inmediatos. Unos prefieren las llamas con los resultados inmediatos. Otros prefieren la euforia de los elogios y del éxito instantáneo, aun otros prefieren el trabajo anónimo y lento de las semillas. Y nosotros, ¿qué preferimos? De nuestra opción dependerá nuestra cosecha.

Cristo sabía que pronto iba a morir pero, aun así, no tenía prisa, actuaba como un inteligente sembrador. No quería transformar a sus discípulos en héroes, ni exigía de ellos lo que no podían dar. Por eso permitió que lo abandonasen en el momento en que fue arrestado. Las semillas que plantó dentro de los galileos incultos que lo seguían germinarían un día. Tenía esperanza de que echaran raíces en lo íntimo del espíritu y de la mente de ellos y cambiaran para siempre sus historias.

Esas semillas, una vez desarrolladas, harían que aquellos hombres fueran capaces de cambiar el rostro del mundo. Es increíble, pero eso efectivamente ocurrió. Ellos revolucionaron al mundo con los pensamientos y propósitos del carpintero de Galilea. ¡Qué sabiduría se escondía en lo íntimo de la inteligencia de Cristo!

Nietzsche dijo hace un siglo una famosa y osadísima frase: «Dios está muerto».[3] Expresaba el pensamiento de los intelectuales de la época que creían que la ciencia daría fin a todas las miserias humanas y, al final, destruiría la fe. Probablemente ese intrépido filósofo creía que un día la búsqueda de Dios se recordaría solo como un objeto de museos y algunos libros de historia.

Los filósofos ateos murieron y hoy están olvidados o son poco mentados, pero aquel afectuoso y sencillo Carpintero sigue cada vez más vivo dentro de cada uno de nosotros. Nada logró apagar la hoguera encendida por el Sembrador de Galilea. Después de que Gutenberg inventara las modernas técnicas de la imprenta, el libro que habla de Jesús, la Biblia, se convirtió sin duda en el mayor éxito de ventas de todos los tiempos. Todos los días, millones de personas leen algo acerca de Jesús.

El Maestro de Nazaret parecía tener una sencillez frágil, pero la historia demuestra que siempre triunfó sobre aquellos que quisieron sepultarlo. Por el contrario, el favor más grande que alguien puede hacer a una semilla es sepultarla. Jesús fue una centella que nació entre los animales, creció en una región despreciada, fue silenciado por la cruz, pero revolucionó la historia humana.

El Maestro dio una gran demostración de inteligencia a la educación moderna, produciendo en el pensamiento humano una revolución jamás imaginada por una teoría educacional o psicológica.

Hay una llama que permanece dentro de aquellos que aprendieron a amarlo y a conocerlo. En los primeros siglos, muchos de sus seguidores

---

[3] Will Durant, *The Story of Philosophy* (New York: Simon & Schuster, 1953).

fueron destruidos sin piedad por causa de esa llama. Los romanos hicieron de los primeros cristianos comida para las fieras y un espectáculo de dolor en el Coliseo y, principalmente, en el *Circus Máximus*. Algunos fueron quemados vivos; otros fueron matados a filo de espada. No obstante, las lágrimas, el dolor y la sangre de esos hombres no destruyeron el ánimo de los amantes del Sembrador de Galilea; antes bien, se volvieron abono para cultivar nuevas semillas.

La libertad producida por la democracia política en oposición a la cárcel espiritual

A pesar de que el Maestro de Nazaret provocó una revolución en el pensamiento humano e inauguró una nueva forma de vivir, las funciones más importantes de la inteligencia que expresó no se han incorporado a las sociedades modernas.

Vivimos en la era de la alta tecnología, todo es muy rápido y sofisticado. Parece que todo lo que Jesús enseñó y vivió es tan antiguo que ya pasó de moda. Pero sus pensamientos son actuales y sus aspiraciones siguen siendo, como veremos, impactantes.

Perdimos el contacto con las cosas sencillas, perdimos el placer de invertir en la sabiduría. Uno de los riesgos más grandes del uso de la tecnología, principalmente de las computadoras, es paralizar la capacidad de pensar. Recordemos que a los adictos a las calculadoras se les olvida cómo se hacen las cuentas de matemática más elementales.

He escrito acerca de la tecnofobia, el miedo a las tecnologías nuevas. El temor a usar nuevas técnicas puede estar revelando un sentimiento de incapacidad para recibir nuevos aprendizajes. Sin embargo, a pesar de apoyar el uso de nuevas técnicas y disertar acerca de la tecnofobia, puedo comprobar que la «adicción al Internet» y la «tecnoadicción» pueden paralizar la creatividad y el arte de pensar.

Estados Unidos es la sociedad más rica del planeta. Además, son la bandera de la democracia. Pero la drogadicción, la discriminación racial y la violencia en las escuelas son señales de que la riqueza material y el acceso a la alta tecnología y a la democracia política no son suficientes para mejorar la calidad de vida síquica y social del ser humano.

La tecnología educacional no ha logrado producir personas que amen la tolerancia, la solidaridad, que superen la paranoia de buscar ser el número uno, que sientan placer en la cooperación social y se preocupen por el bienestar de sus compañeros.

La democracia política produce la libertad de expresión, pero no logra producir libertad de pensamientos. La libertad de expresión sin la de pensamientos produce innumerables distorsiones, una de ellas es la discriminación. Parece increíble que las personas no comprendan que a dos seres humanos con la misma capacidad intelectual jamás se les puede discriminar a causa de una delgada capa de color de piel, diferencias culturales, de nacionalidad, sexo o edad.

Jesús vivía en una época en que la discriminación era parte de la rutina social. Los que tenían ciudadanía romana se consideraban por encima de los mortales. De otro lado, por tener una cultura milenaria, los líderes judíos se consideraban superiores a la plebe. Por debajo de la plebe estaban los recaudadores de impuestos, que eran una raza odiada por colaborar con Roma; los leprosos, a quienes se les alejaba de la sociedad y las prostitutas, que solo eran dignas de muerte.

A pesar de todo, surgió un hombre que puso patas arriba aquella sociedad tan bien definida. Sin pedir permiso y sin preocuparse por las consecuencias de su comportamiento, entró en ella y revolucionó las relaciones humanas. Charlaba amigablemente con las prostitutas, cenaba en casa de los leprosos y era amigo de los publicanos. Para espanto de los fariseos, Jesús aun tuvo el coraje de decir que los publicanos y las meretrices los precederían en el reino de Dios.

Cristo escandalizó a los que dictaban la moral de su época. El régimen político bajo el cual vivía era totalitario. Tiberio, emperador romano, era el señor del mundo. Pero, a pesar de vivir en un régimen antidemocrático, sin ninguna libertad de expresión, Jesús no pidió permiso para hablar. Por donde caminaba llevaba alegría, pero a menudo también problemas, pues le encantaba decir lo que pensaba, era un predicador de la libertad. Pero, por preocuparse más de los demás que de sí mismo, ejercía su libertad con responsabilidad.

Millones de jóvenes frecuentan las escuelas en las sociedades modernas. Viven en un ambiente democrático que les permite la libertad de expresión. No obstante, a pesar de ser exteriormente libres, están apresados en el territorio de los pensamientos. Por eso son víctimas fáciles de la discriminación, de la violencia social e individual, de la paranoia, de la estética y de las enfermedades síquicas. Muchos de esos jóvenes supervaloran algunos artistas, políticos e intelectuales y viven en torno a sus ideas y sus comportamientos, sin saber que al actuar así están disminuyendo y reduciendo su propio valor.

Aprender a forjar libertad con conciencia crítica, a proteger la emoción y a desarrollar la capacidad de ver al mundo también con los ojos de los demás son funciones importantísimas de la inteligencia que han sido poco desarrolladas en el mundo democrático.

Vivimos una crisis educacional sin igual. Estamos solucionando nuestros problemas exteriores, pero no los internos. Somos una especie única entre decenas de miles de especies de la naturaleza. Por pensar y tener conciencia del fin de la vida, ponemos rejas en las ventanas para defendernos, cinturones de seguridad para protegernos, contratamos albañiles para arreglar goteras en el techo, fontaneros para arreglar la pérdida de agua en las cañerías. Pero no sabemos cómo construir la más importante protección, la emocional. A la más mínima ofensa, contrariedad o pérdida, sacamos instintivamente el arma de la agresividad.

La historia de sangre y violación de los derechos humanos degrada nuestra especie. En los momentos de conflicto usamos más el instinto que el arte de pensar. En esas horas, la violencia siempre fue una herramienta mucho más usada que el diálogo.

Los hombres podían ser violentos con Cristo, pero Él era manso con todos. Cuando fueron a arrestarlo, se adelantó y preguntó a quién buscaban. No admitía la violencia física ni la emocional. Él dijo: «Cualquiera que se enoje contra su hermano, será culpable de juicio» (Mateo 5.22). No admitía ni siquiera la ira oculta. Los que caminaban con Él tenían que aprender a vivir en paz no solo por dentro, sino también por fuera y convertirse en pacificadores. En el Sermón del monte, declaró en alta voz: «Bienaventurados los pacificadores, porque ellos serán llamados hijos de Dios» (Mateo 5.9).

En las sociedades modernas, los bienaventurados son aquellos que tienen estatus social, dinero, cultura académica. Pero para aquel Maestro diferente, los bienaventurados son aquellos que transmiten paz donde estén, que actúan como bomberos de las emociones, que son capaces de calmar la ira, el odio, la envidia, los celos y sobre todo, estimular el diálogo entre las personas con las cuales conviven. Según el pensar de Cristo, si no logramos realizar esa tarea no seremos felices ni privilegiados.

Actualmente, las personas aman el individualismo y poco se preocupan del bienestar de los demás. El cambio de experiencias de vida se hizo mercancía escasa. Hablan cada vez más acerca del mundo exterior y menos acerca de sí mismas. Desafortunadamente, las personas solo consiguen hablar de lo íntimo cuando van a un psiquiatra o a un psicoterapeuta.

Recuerdo una paciente que, ya con sus cincuenta años, me contó que cuando era adolescente buscó a su madre para hablar acerca de un conflicto que estaba atravesando. La madre, atareada, le dijo que no tenía tiempo en aquel momento. La actitud de la madre cambió la historia de la vida de su hija. Por no haber oído ni entendido la angustia de la joven, con aquella reacción sepultó la comunicación entre las dos. La hija nunca más la buscó para hablar acerca de sus dolores y dudas.

El Maestro de Nazaret era el más grande de todos los educadores. Era el Maestro de la comunicación. No hablaba mucho, pero creaba una atmósfera placentera y sin barreras. Alcanzaba a oír lo que las palabras no decían. Lograba escuchar los pensamientos ocultos. Las personas se sorprendían de la forma como se adelantaba y se refería a los pensamientos reprimidos dentro de ellas. Si quedamos presos solo a expensas de las palabras, no tenemos sensibilidad, somos mecánicos.

Jesús no cautivaba a las personas solo con los milagros, sino mucho más con su sensibilidad, su forma de ser segura, afable y penetrante. No quería que las personas lo siguieran atraídas por los hechos sobrenaturales, ni buscaba simpatizantes que lo aplaudiesen pero, buscaba quienes lo acompañasen con libertad y conciencia. Buscaba personas que comprendiesen su mensaje, que viviesen una vida excitante dentro de sí mismas, para después transformar al mundo a su alrededor.

Una experiencia educacional

Últimamente, por motivo de mis investigaciones acerca de la inteligencia de Cristo, he estado dictando conferencias en diversos congresos educacionales sobre un tema audaz y poco común: «La inteligencia del Maestro de maestros analizada por la psicología y aplicada a la educación».

Antes de oír mis consideraciones, los educadores se quedan intrigados con el tema propuesto. Una nube de pensamientos perturbadores ronda sus mentes, pues nunca oyeron a nadie hablar acerca de ese tema. Quedan sorprendidos y, al mismo tiempo, curiosos por saber cómo se abordará la personalidad de Cristo y qué clase de aplicación podrá hacerse en la psicología y la educación. Algunos preguntan: «¿Cómo es posible estudiar un tema tan complejo y polémico? ¿Qué tendrá que decirnos acerca de eso un psiquiatra e investigador de la psicología? ¿Dará un discurso religioso? ¿Será posible extraer sabiduría de una persona que solo fue abordada teológicamente?»

Al iniciar esas conferencias, estoy consciente de que esos educadores presentes forman un grupo heterogéneo, tanto a nivel cultural como religioso e intelectual. Sé también que sus mentes están saturadas de preconcepciones. Como aprendí a ser osado y fiel a mi conciencia no me importaron los conflictos iniciales. Mientras sigo hablando sobre la inteligencia de Cristo, veo que los profesores se encantan. Se relajan y se ponen a gusto en sus sillones; el silencio es total, la concentración es absoluta y la participación de ellos se convierte en una poesía del pensamiento.

Al término de las conferencias, muchos se paran y aplauden entusiasmados no a mí, sino al personaje sobre quien hablé. Declaran a una sola voz que nunca habían comprendido a Cristo de esa forma. No tenían la mínima idea de que fuera tan inteligente y sabio ni que su experiencia podría aplicarse no solo a la psicología y la educación, sino también a sus propias vidas. Nunca se habían imaginado que fuera posible que alguien hablase acerca de Jesús sin referirse a una religión, dejando la posibilidad de que cada uno siga por su camino.

Muchos comentan más tarde que al comprender la elevada humanidad de Cristo, sus vidas pasaron a tener otro sentido y el arte de enseñar ganó nuevo aliento. Con todo, no me entusiasmo demasiado, pues tardará un poco de tiempo para que la personalidad del Maestro de maestros sea estudiada y aplicada en el currículo escolar y para que los alumnos hablen de ellas sin temores. De todas maneras, se planta una semilla; tal vez, algún día, germine.

Las salas de clase se han convertido en sitios estresantes, y a veces son como una zona de guerra, un campo de batalla. Educar siempre fue un arte placentero, pero actualmente, ha llegado a ser un rincón de ansiedad.

Si Platón viviese hoy, se asustaría con el comportamiento de los jóvenes. Ese afable e inteligente filósofo afirmó que el aprendizaje produce un bello placer. No obstante, el placer de aprender, de incorporar conocimiento, está debilitado. Es más fácil dar todo listo a los alumnos que estimularlos a pensar. Por eso, desafortunadamente, hemos asistido a una paradoja en la educación: «Aprendemos cada vez más a conocer el pequeñísimo átomo y el inmenso espacio, pero no aprendemos a conocernos a nosotros mismos, a caminar por las trayectorias de nuestro propio ser».

Algunos de los discípulos del Maestro de Nazaret tenían un comportamiento peor que muchos alumnos rebeldes en la actualidad, pero Él los amaba independientemente de sus errores. Al Sembrador de Galilea le preocupaba el desafío de transformarlos. Él era tan cautivante que despertó la sed por el saber en aquellos jóvenes en cuyas mentes no había nada más que peces, aventuras marítimas, impuestos y preocupación por sobrevivir.

Algo pasó en lo íntimo del alma y del espíritu de los discípulos y de miles de personas. La multitud, cautivada, se levantaba de madrugada y salía en búsqueda de aquel hombre extremadamente fascinante. ¿Por qué se sentían atraídos a Cristo? Porque veían en Él algo más que un carpintero, algo más que un cuerpo herido por la vida. Veían aquello que los ojos no logran percibir.

El Maestro los puso en una escuela sin muros, al aire libre. Y, por raro que parezca, nunca decía dónde estaría al día siguiente, dónde sería el próximo encuentro, si en la playa, en el mar, en el desierto, en la montaña, en el Pórtico de Salomón o en el templo. Lo que indica que no obligaba a las personas a que lo siguieran, pero deseaba que ellas lo buscasen espontáneamente: «Si alguno tiene sed, venga a mí y beba» (Juan 7.37).

Sus seguidores entraron en una academia de sabios, en una escuela de vencedores. Las primeras lecciones que se dictaron a aquellos que anhelaban ser vencedores fueron: aprender a perder, reconocer sus límites, no desear que todo el mundo gire a su alrededor, romper el egoísmo y amar al prójimo como a sí mismo.

Anhelaba que se conociesen íntimamente y fuesen transformados intrínsecamente. Los textos de las biografías de Cristo son claros: Anhelaba cambiar la naturaleza humana, no mejorarla ni reformarla.

3 | Manifieste su inteligencia antes de beber la copa

Los partidos políticos de Israel

Antes de comentar acerca de la copa de Cristo, me gustaría hacer un breve comentario en cuanto a la cúpula judía que lo condenó. En su última semana de vida, la inteligencia del Maestro fue intensamente probada por los partidos políticos que formaban la cúpula judía: los fariseos, los saduceos y los herodianos. A pesar de la prueba, el Maestro de Nazaret hizo callar a todos los intelectuales de Israel.

Los fariseos pertenecían a la más influyente de las sectas judías en los tiempos de Cristo. Por ser judíos ortodoxos, el celo por la ley de Moisés los llevaba a una obediencia muy estricta de la ley y sus tradiciones, aunque era solo externa y degenerada. Conocían las Escrituras (Juan 5.39-40), ayunaban y oraban; pero tenían una vida superficial, pues se preocupaban más del exterior que del interior. Los fariseos eran los enemigos más agresivos de Jesús. Dictaban órdenes que ellos mismos no lograban cumplir y se consideraban justos ante sus propios ojos (Mateo 23.1-36).

Los escribas en general pertenecían al partido de los fariseos. Eran miembros de una profesión altamente respetada en su época. Reunían a su alrededor discípulos, a quienes instruían acerca de las diversas maneras de interpretar las leyes y las tradiciones que estudiaban en forma profesional. También actuaban como abogados, habiéndoles sido confiada la condición de jueces en el Sanedrín (Mateo 23.6-7).

Los saduceos, cuyos miembros provenían principalmente de las clases más ricas y de los sacerdotes, no creían en la resurrección del cuerpo ni en el juicio futuro (Mateo 22.23). Aunque defendían la ley escrita, criticaban las tradiciones orales observadas por los fariseos. Formaban el partido de las familias de los sumos sacerdotes de Jerusalén, con influencia directa en los cultos en el templo, y a menudo colaboraban con los gobernantes romanos. Se oponían a Cristo tan fuertemente como los fariseos; Él los condenó con igual severidad, aunque con menos frecuencia (Mateo 22.29).

Los herodianos formaban un partido minoritario en Israel. Eran mal vistos por los demás partidos por estar de acuerdo con el Imperio Romano. El término «herodiano» viene de «Herodes». Herodes el Grande era un rey poderoso y creativo pero, al mismo tiempo, un verdugo sanguinario. Fue él quien mandó matar a los niños menores de dos años, buscando destruir al niño Jesús.

Una perturbación del orden social

El Maestro revolucionó la forma de pensar y vivir de los hombres que componían la cúpula de Israel, la cual era rígida, radical y moralista. Ellos odiaban a los recaudadores de impuestos y apedreaban a las prostitutas. No se mezclaban con la gente común ni les importaban sus necesidades básicas.

No obstante, en medio de esa sociedad surgió un hombre sencillo, pero que poseía una elocuencia rara. Un hombre de apariencia común, pero que encantaba a las multitudes. Un hombre que tenía coraje para decir que era el propio Hijo de Dios, hijo único del autor de la existencia. Para espanto de los líderes judíos, como si fuera poco esa «herejía», hablaba acerca del lenguaje del amor y era amable con los más miserables de Israel. Ese hombre cambió la moral reinante en aquella sociedad milenaria. Llegó a perdonar errores, fallas, «pecados». Para los judíos, solamente el Dios altísimo podía tener tal poder.

Surgió entonces un hombre que no tenía miedo de ser asesinado ni ningún recelo en decir lo que pensaba pues, además de acusar de hipocresía la apariencia piadosa de los fariseos, tuvo el coraje de desafiar al gobierno de Roma. Mandó denunciar osadamente al violento Herodes Antipas, hijo de Herodes el Grande, gobernador de Galilea, aquel que ordenara cortar la cabeza de Juan el Bautista. Lo llamó zorra y dijo, con un atrevimiento sin igual, que no moriría en Galilea, sino que caminaría hoy, mañana y pasado mañana, hasta llegar a Judea, «porque no es posible que un profeta muera fuera de Jerusalén» (Lucas 13.33). Herodes quería matarlo, pero Jesús no le temía, solamente quería morir en Jerusalén, no en Galilea.

Jesús perturbaba de tal forma a los intelectuales de Israel, que provocaba insomnio en casi todos ellos. Sus pensamientos y su forma de ser eran contrarios a todos ellos. Solo Nicodemo, José de Arimatea y algunos otros fariseos fueron persuadidos por Jesús. La gran mayoría de la cúpula judía que componía el Sanedrín lo odiaba y quería matarlo de cualquier forma. Pero ¿cómo matarlo si el pueblo lo amaba y estaba constantemente a su lado? Entonces comenzaron a probar su inteligencia para ver si se contradecía y se autodestruía con sus propias palabras. Probaron su capacidad de pensar, su integridad, su perspicacia, su conocimiento acerca de las Escrituras antiguas, su relación con la nación de Israel y con la política romana.

No podemos olvidar que la cultura de Israel siempre había sido una de las más brillantes y que aquella sociedad disponía de intelectuales altamente capacitados. Por lo tanto, para probarlo, prepararon preguntas que eran verdaderas trampas.

Difícilmente alguien lograba escapar de esas trampas. Algunas preguntas, simplemente, no tenían respuestas; sin embargo aquel hombre, una vez más, los dejó confundidos. Algunos quedaron perplejos ante su inteligencia y sabiduría. Veamos un ejemplo.

Hizo callar a los fariseos y los herodianos

Jesús les causó tanta indignación a sus opositores que produjo algunos fenómenos políticos casi inconcebibles. Hombres de partidos radicalmente opuestos se unieron para destruirlo. Los fariseos mantenían gran disputa contra los herodianos. Sin embargo, por considerar al carpintero de Nazaret una gran amenaza, se unieron buscando establecer una estrategia común para matarlo.

Aquel hombre sencillo de Galilea fue considerado una gran amenaza para la nación de Israel, mayor que la que representaba el poderoso Imperio Romano. Los líderes de Israel temían que contaminara a la nación con sus ideas. De hecho, había razón para temerlo, pues sus ideas eran pegajosas. Sin necesidad de tomar armas, el Maestro de Nazaret causó la revolución más grande de la historia de la humanidad.

Los fariseos y los herodianos engendraron una excelente estrategia para destruirlo. Concibieron una pregunta cuya respuesta, cualquiera que fuera, lo destruiría, pues lo pondría en contra de Roma o en contra de la nación de Israel. Así que se le acercaron y comenzaron a adularlo. Tejieron elogios a su inteligencia y capacidad. Dijeron: «Maestro, sabemos que eres amante de la verdad, y que enseñas con verdad el camino de Dios, y que no te cuidas de nadie, porque no miras la apariencia de los hombres» (Mateo 22.16). Después de esos largos y engañosos elogios, lanzaron el golpe mortal. Propusieron una cuestión prácticamente insoluble: «¿Es lícito dar tributo a César, o no?» (Mateo 22.17)

Cualquier respuesta lo comprometería, poniéndolo como traidor a la nación de Israel o en confrontación directa con el Imperio Romano. Si defendía la libertad de Israel respondiendo que no era lícito pagar impuestos a César, sus opositores lo entregarían a Pilatos para que fuera ejecutado, aunque también considerasen injusto dicho pago. Si afirmaba que era lícito pagar tributo a César, lo lanzarían contra el pueblo que lo amaba, pues el pueblo sufría hambre en ese tiempo y uno de los motivos era el yugo de Roma. No había solución, sino intimidarse y sujetarse. Sus palabras ciertamente cavarían la fosa de su tumba.

En las sociedades democráticas nadie es condenado por expresar sus pensamientos y convicciones. Pero donde domina el autoritarismo, cualquiera puede ser condenado a muerte por las palabras que exprese.

En la Rusia de Stalin muchos fueron condenados por ciertas palabras o gestos. Entrar en desacuerdo con Moscú era firmar su propia sentencia de muerte. Miles de personas fueron matadas injustamente por Stalin, que se reveló como uno de los más grandes verdugos de la historia. Mandó matar a casi todos sus compañeros de la juventud. Había una verdadera política de terror en aquella sociedad. El autoritarismo aplasta la libertad de expresión.

En la época de Cristo, la vida valía muy poco. Había esclavos por todas partes. Roma era la que tenía las leyes más justas entre los pueblos antiguos, eso explica la influencia que esas leyes ejercieron en el derecho de las sociedades modernas. Sin embargo, la eficacia de la ley depende de la interpretación humana. Las leyes, aunque justas y democráticas, al ser manipuladas por personas autoritarias, se distorsionan o no se aplican.

Nadie podía desafiar al régimen de Roma. Tiberio, el emperador romano en esa época, había mandado matar a muchas personas que se le oponían. Pilatos, el gobernador de Judea también era un hombre brutal. Cuestionar al imperio era firmar la sentencia de muerte.

Los fariseos sabían de eso, pues muchos judíos habían sido asesinados por pequeñas insurrecciones. Debieron haber pensado entonces: *Como Roma es un enemigo cruel, ¿por qué no poner a Jesús en contra del gobierno?* O tal vez: *Si no logramos ponerlo en contra de Roma, entonces con seguridad lo pondremos contra el pueblo.*

La pregunta que le hicieron fue amenazadora. La duda era inmensa. Cualquier persona temería contestarla. Cuando estamos sometidos a un momento de estrés, cerramos las ventanas de la inteligencia. Tenemos reacciones instintivas inmediatas, como la taquicardia, el aumento de la presión sanguínea y la respiración. Esas reacciones nos preparan para luchar o huir de los estímulos estresantes.

De esta manera, cuando se somete a un estrés intenso, el cuerpo reacciona y la mente se retrae. Paralizamos nuestra capacidad de pensar y corremos el riesgo de morir. Si Cristo hubiera bloqueado su capacidad de pensar estaría muerto.

Él sabía que luego iba a morir, pero no quería hacerlo a esa hora, ni de cualquier forma. Quería morir crucificado, la forma más indigna y angustiante ya inventada. Pero, ¿cómo escapar a la difícil pregunta que los herodianos y fariseos le habían propuesto? ¿Cómo podría abrir la inteligencia de aquellos hombres sedientos de sangre?

Una respuesta sorprendente

Cristo tenía que contestar de una manera que no solo saciase a sus adversarios, sino que sorprendiese sus mentes. Era necesaria una respuesta espectacular para detener el odio de ellos y hacerlos abandonar esa idea de asesinarlo.

El Maestro poseía una sabiduría extraña. El ambiente amenazador no lo perturbaba. En las situaciones más estresantes, en lugar de bloquear la inteligencia y actuar por instinto, abría los pensamientos y lograba dar respuestas brillantes e inmediatas. Cuando todos pensaban que no tendría otra alternativa que defender a Roma o a Israel, los sorprendió.

El Maestro pidió que le mostraran una moneda de un denario y observó la efigie que tenía grabada. Allí estaba inscrito: «Tiberio César dios».[4] Después de mirar la efigie, miró a aquellos hombres y preguntó: «¿De quién es esta imagen?» Contestaron: «De César». Entonces, para sorpresa de ellos, Jesús afirmó: «Dad, pues, a César lo que es de César, y a Dios lo que es de Dios» (Mateo 22.20-21).

Tiberio, como emperador romano, quería ser el señor del mundo. Era común usar ambiciones irracionales para poder cegar la capacidad de pensar y actuar de aquellos que se le oponían a fin de que mirasen al mundo de arriba hacia abajo.

En la efigie, la imagen grabada en el denario, estaban las intenciones de Tiberio, un simple mortal que quería ser dios. Cristo, que tenía poderes sobrenaturales y poseía el estatus de Dios para su gente íntima, quería comportarse como un hombre, como el Hijo del hombre. ¡Qué paradoja!

El Maestro no se turbó con la ambición de Tiberio expresada en la efigie, más bien la usó para aturdir a sus opositores. Su respuesta no

---

[4] Aleksandr Mien, *Jesus, mestre de Nazaré* (São Paulo, Brasil: Cidade Nova, 1999).

encajaba con las posibilidades esperadas por los fariseos y herodianos. Los dejó perplejos; quedaron paralizados, sin acción.

Es difícil describir las implicaciones de la respuesta de Cristo. Sus interlocutores esperaban oír un «sí» o un «no», si era lícito o no pagar el tributo, pero contestó: «sí y no». Su respuesta no negó el gobierno humano, tipificado por el Imperio Romano, ni la supervivencia de él por medio del pago de los impuestos. Pero tampoco negó la historia de Israel y su búsqueda de Dios.

«Dad a César lo que es de César» revela que Cristo admite que haya gobiernos humanos, ejemplificados por César y financiados por los impuestos. «Dad a Dios lo que es de Dios» revela que para Él hay otro gobierno, uno misterioso, invisible y «no limitado por el tiempo»; es el «reino de Dios». Este se sostiene no con monedas, ni dinero de impuestos, sino con aquello que sale de lo íntimo del ser humano; sus intenciones, sus emociones, sus pensamientos y sus actitudes.

En las sociedades modernas, los ciudadanos financian la administración pública con sus impuestos y reciben a cambio beneficios sociales: educación, salud, seguridad, sistema jurídico y otros. En los estados autoritarios, así como en determinadas sociedades democráticas, ese cambio es frecuentemente insatisfactorio. En el caso de Roma, los impuestos pagados por las naciones dominadas eran para sostener la pesada máquina del imperio. Por lo tanto, muchas naciones financiaban las extravagancias romanas al costo del sudor y del sufrimiento del pueblo.

Jesús les dijo a sus enemigos que debían dar a César lo que era de César, pero no dijo cuánto se debía dar a Roma. Y cuando hablaba de César no se estaba refiriendo solo al Imperio Romano, sino al gobierno humano. Por medio de esa respuesta corta pero amplia, transfirió la responsabilidad del financiamiento de un gobierno no a sí, sino a los propios hombres. Al mirar hacia los flagelos de la historia, como el hambre, las enfermedades y las guerras, es difícil no hacer las siguientes preguntas: Si hay un Dios en el universo, ¿por qué parece ser ajeno a las miserias humanas? ¿Por qué no extirpa los dolores e injusticias que hieren a las sociedades?

Jesús no negaba la importancia de los gobiernos humanos ni era ajeno a los sufrimientos sociales. Con todo, para Él, esos gobiernos estaban restringidos al tiempo. Él tenía como objetivo principal un gobierno fuera de esas limitaciones temporales, uno eterno. Según su manera de pensar, lo «eterno» triunfará sobre lo temporal.

Una vez triunfe definitivamente, el Creador hará un ajuste de cuentas con cada ser humano, incluyendo a todos los gobernantes y así reparará toda violencia y toda lágrima vertida.

Al leer las biografías de Cristo, comprendemos que, de manera contraria al gobierno humano que primero cobra los impuestos y después los devuelve en forma de beneficios sociales, el «reino de Dios» no cobra nada al principio. Primero suple a hombres y mujeres de una serie de cosas: el espectáculo de la vida, el aire para respirar, la tierra para labrar, la mente para pensar y un bello mundo para vivir las emociones. Solo después de haber dado gratuitamente todas esas cosas durante la breve existencia humana, exigirá entonces que el hombre le rinda cuentas de sus actos.

Era de esperar que alguien que entregó tanto cobrase a cambio algo como la servidumbre absoluta de los seres creados. Pero, para sorpresa nuestra, Cristo afirmó que la cobranza más grande del Creador era el sentimiento más sublime, el amor. Para Él, el amor debe ser el símbolo de la historia de cada persona.

Ese Maestro era perspicaz. Ninguna exigencia es tan grande ni tan sencilla como el amar. El amor cumple toda justicia y reemplaza todo el código de leyes. Esa fue la historia de su discípulo tardío, Pablo. Aquel que vivió embriagado de ira, volvió a escribir su propia historia con la tinta de ese amor. Por eso fue azotado, apedreado, rechazado, abofeteado y hasta considerado como escoria humana por aquellos que un día había odiado.

Un reino dentro del ser humano

Jesús era seguro y misterioso. Proclamaba que su Padre era el autor de la existencia, pero en lugar de disfrutar de ese privilegio y sentarse a la mesa con Tiberio y los senadores romanos, prefirió mezclarse con las personas que vivían a las orillas de la sociedad.

Según parece, podría haber hecho que todo el mundo, incluso el emperador romano, se postrase a sus pies con algunos milagros. Pero no anhelaba el trono político. Anhelaba el trono que hay dentro de cada persona.

Proclamaba en aquellas tierras áridas algo jamás pensado por los intelectuales y religiosos. Afirmaba con convicción que Dios, aunque eterno, invisible y omnipotente, quería establecer su reino en el espíritu humano.

¿No parece raro ese deseo? Aunque haya tanto espacio en el universo para el Todopoderoso reclinar su cabeza, el carpintero de Nazaret busca su morada en el ser humano, aunque este se encuentre lleno de defectos. Por eso enseñó a orar por la venida de ese reino: «Venga tu reino. Hágase tu voluntad» (Mateo 6.10). Llegó hasta a clamar en voz alta: «Mas buscad primeramente el reino de Dios y su justicia, y todas estas cosas os serán añadidas» (Mateo 6.33).

Rompió la cárcel intelectual de las personas rígidas

Los fariseos y los herodianos fueron derrotados con solo una frase. Ellos deseaban con su radicalismo, matar a aquel manso hombre.

Toda persona que es radical no es capaz de hacer una lectura multifocal de la memoria y sacar información que le permita pensar en otras posibilidades sino aquellas a las cuales está rígidamente aferrada. Jesús fue víctima del preconcepto de los líderes religiosos de Israel que —encerrados en sus propias mentes— no alcanzaban a ver nada más que un agitador, un revolucionario o un nazareno digno de ser despreciado.

La rigidez es el cáncer del alma. No solo hiere a las demás personas, sino que puede tornarse en la herramienta autodestructiva más cruel. Hasta las personas interiormente bellas son capaces de herirse mucho si son rígidas y estrechas en su forma de enfrentar sus dificultades síquicas. En psicoterapia, una de las metas más difíciles de alcanzar es romper la rigidez intelectual de los pacientes y conducirlos a abrir las ventanas de sus mentes y renovar sus esperanzas; principalmente si ya vienen de otros tratamientos frustrados.

Las personas que creen que su problema no tiene solución, crean una barrera imposible de romper dentro de sí mismas. Así, hasta enfermedades tratables como la depresión, el trastorno obsesivo y el síndrome del pánico se hacen resistentes.

No importa el tamaño de nuestro problema, sino la forma en que lo vemos y enfrentamos. Necesitamos abrir nuestra inteligencia y ver las personas, los conflictos sociales y las dificultades de la vida sin miedo, de forma franca y multifocal.

La esperanza y capacidad de ponernos como aprendices ante la vida son la base fundamental del éxito. El Maestro de Nazaret deseaba producir seres libres, siempre dispuestos a aprender y llenos de esperanza. Buscaba quitar los obstáculos de la mente de los que lo rodeaban, tanto sus seguidores como sus opositores. Estaba siempre alzando la bandera de la libertad de las personas y aprovechaba todas las oportunidades para expandir la capacidad de juicio y un listado de posibilidades del pensamiento. Eso lo hacía un Maestro inigualable.

Cuando provocamos a las personas rígidas, las volvemos más agresivas. Jesús, al contrario, estimulaba con suavidad la inteligencia de ellas y calmaba las aguas de sus emociones. Sabía que sus opositores querían matarlo al proponerle aquella pregunta, pero, como alcanzaba a oír lo que las palabras no decían y comprender lo que había tras los bastidores de la inteligencia humana, dio una respuesta franca e inesperada. Su respuesta fue tan intrigante, que despejó la mente de sus adversarios, calmándoles la ira.

Aquellos hombres caminaban por las avenidas de los antónimos correcto/equivocado, moral/inmoral, feo/bonito. En su mundo solo había dos posibilidades: sí y no. Pero el mundo intelectual del Maestro de Nazaret tenía muchas otras posibilidades.

En las situaciones más estresantes, no se intimidaba ni se preocupaba por tener reacciones inmediatas. Pensaba antes de reaccionar y no actuaba antes de pensar. De hecho, se sumergía dentro de sí mismo y abría las ventanas de su mente para encontrar las respuestas más lúcidas a una determinada pregunta, una dificultad o una situación.

De esa inmersión interior fluían sus pensamientos. Los fariseos y los herodianos, sorprendidos con su sabiduría, salieron de su presencia.

Desafortunadamente, nosotros no logramos actuar con la sabiduría de Cristo. Gran parte de nuestros problemas ocurren porque reaccionamos antes de pensar. En las situaciones más estresantes reaccionamos impulsivamente, y no con inteligencia. Sentimos la obligación de dar respuestas inmediatas ante las dificultades que enfrentamos. Paralizamos nuestra capacidad de pensar a causa de la necesidad paranoica de producir respuestas socialmente adecuadas, pues tememos pasar por tontos o retraídos si no contestamos rápidamente y de acuerdo a las expectativas ajenas.

Necesitamos aprender a proteger nuestras emociones cuando seamos ofendidos, agredidos, presionados, intimidados o rechazados. Si no, la emoción siempre matará a la razón. La consecuencia inmediata de esa falta de defensa emocional es reaccionar de forma irracional y con un solo enfoque, no de modo multifocal.

Necesitamos abrir las posibilidades de nuestras mentes y pensar en distintas alternativas ante los desafíos de la vida. El Maestro, antes de dar cualquier respuesta, honraba su capacidad de pensar y reflexionaba con libertad y conciencia, para después declarar sus brillantes ideas. Solamente alguien que es libre por dentro no es esclavo de las respuestas.

Quienes giran alrededor de sus problemas y no aprenden a detenerse para hacer una mirada introspectiva y pensar antes de reaccionar, hacen que los pequeños obstáculos sean imposibles de vencer, que las pequeñas dificultades sean problemas sin solución, que las pequeñas decepciones sean un mar de sufrimiento. Por no ejercitar el arte de pensar, vemos una cucaracha como si fuera un dinosaurio.

Debemos aprender del Maestro de la escuela de la vida a ser caminantes dentro de nuestro propio ser y no tener miedo de pensar.

4| Las actitudes poco comunes de Cristo en la Última Cena: La misión

La última noche

Jesús estaba por ser arrestado. En pocas horas comenzaría su martirio. Una noche diferente a todas las demás. De ahí en adelante sería arrestado, juzgado, torturado, crucificado y muerto. El ambiente de esa noche podría inspirar angustia y miedo a cualquiera. Pero el personaje principal de aquella escena estaba tranquilo.

Cuando es inminente el sufrimiento de un gran trauma, el tiempo no pasa, cada minuto parece una eternidad. Sin embargo, el Maestro de Nazaret estaba reunido con sus discípulos alrededor de una mesa, comiendo juntos por última vez. El piso se deshacía bajo sus pies, pero Él se mantuvo firme. En ese ambiente, tuvo actitudes inesperadas.

Impactó a los discípulos al lavarles los pies

En ese tiempo, los discípulos lo valoraban inmensamente, considerándolo nada menos que el propio «Hijo de Dios». Pero en aquella noche tuvo algunas actitudes que los impactaron a todos. Ningún ser humano estuvo en un puesto tan alto ni se humilló tanto como Él. Como comenté en el primer libro de esta colección: Jesús, deseando dar profundas lecciones de la vida en los últimos momentos antes de su muerte, tuvo el coraje de rebajarse a los pies de sus incultos discípulos y lavarlos silenciosamente.

El Maestro de Nazaret, con esa intrigante actitud, vacunó a sus discípulos contra el individualismo. Inauguró una nueva forma de vivir y de relacionarse. Introdujo en lo íntimo de ellos la necesidad de ser tolerantes, de buscar ayuda mutua, de aprender a entregarse.

Las computadoras actúan por principios lógicos. Hasta pueden aplicar leyes y establecer la justicia sin las fallas humanas; pero jamás desarrollarán el arte de la tolerancia, de la solidaridad, de la percepción del dolor de los demás. Esas funciones sobrepasan los límites de la lógica. Una persona es más madura cuando es más tolerante y menos rígida en sus juicios.

En aquella noche había un ambiente de fuertes emociones, los discípulos estaban confundidos ante las actitudes del Maestro. También estaban tristes porque anunció que sería arrestado, que iba a sufrir en manos de los principales judíos y que sería muerto. Sus discípulos no entendían cómo alguien tan poderoso podría sufrir de la forma que describió. La muerte de su Maestro parecía más una ficción.

Jesús lavó los pies de todos sus discípulos, incluso los de Judas. Sabía que este lo traicionaría, pero aun así, fue complaciente con él y no lo expuso en público. ¿Conocen ustedes en la historia a alguien que haya lavado los pies de su propio traidor? Es sorprendente para nosotros, los que no toleramos la mínima ofensa, que Él haya soportado no solo la traición de Judas, sino lavado toda la mugre de sus pies. Cuando Jesús terminó de lavarles los pies a todos, Judas salió para traicionarlo.

Esperó ansiosamente la Última Cena

Era la Última Cena, la llamada Santa Cena. Jesús les dijo a sus discípulos: «¡Cuánto he deseado comer con vosotros esta pascua antes que padezca! Porque os digo que no la comeré más, hasta que se cumpla en el reino de Dios» (Lucas 22.15-16). Reveló así que hacía años que esperaba aquella Última Cena. ¿Por qué era tan importante aquel momento? ¿Podría una cena representar tanto para Él como para que usara palabras poco comunes en su vocabulario como «cuánto he deseado»? Nunca había dicho que esperaba algo con tanta emoción.

Para los discípulos, era un banquete más, pero para el Maestro de Nazaret aquella cena era diferente a todas las anteriores. Representaba la historia de Él, su Gran Comisión.

La Pascua era una fiesta conmemorada anualmente para recordar la liberación del pueblo de Israel. Antes de salir de Egipto huyendo del dominio en el que vivía el pueblo, cada familia había inmolado un cordero y esparcido la sangre sobre los umbrales de las puertas. La carne sirvió para alimentar al pueblo y suplir sus fuerzas para iniciar la jornada por el desierto en búsqueda de la tan soñada tierra de Canaán, la tierra prometida. Por lo tanto, la Pascua era una fiesta alegre, radiante, una celebración de la libertad.

Pero los amigos íntimos de Jesús no sabían si llorar o alegrarse. Por un lado, la mesa estaba servida, el alimento saciaría el hambre y daría placer. Por otro lado, había en el aire una tristeza insoportable ya que el Maestro anunció que iba a partir.

Los discípulos no entendieron que Jesús quería identificarse con el cordero de la Pascua para alimentar, alegrar y libertar no solamente el pueblo de Israel, sino a toda la humanidad. En el momento del bautismo de Jesús, al inicio de su vida pública, Juan el Bautista lo introdujo con una frase de gran impacto, incomprensible para sus oyentes: «He ahí el Cordero de Dios que quita el pecado del mundo» (Juan 1.29). Consideraba al carpintero de Galilea como el Redentor del mundo. Nadie, antes ni después de Jesús, asumió una tarea tan impactante.

El propio Jesús, confirmando el pensamiento de Juan el Bautista, se ofreció como el «Cordero de Dios» y planeó morir en el día de la Pascua. Sabía que los hombres que tenían el poder tarde o temprano lo matarían. Pero no quería morir a cualquier hora ni en un día cualquiera. Varias veces se había librado de la muerte. No porque la temiese, sino porque no había llegado el momento ni el lugar correctos.

Esperaba ardientemente aquella Pascua porque representaba el capítulo final de su historia, expresaba su plan trascendental. Iba a morir por la libertad de la humanidad en la fecha en que se conmemoraba la liberación de Israel del yugo de Egipto. La humanidad quedaría libre de sus dolores existenciales.

Los discípulos aún no entendían qué estaba sucediendo. No aceptaban la idea de separarse de Aquel que diera un nuevo sentido a sus vidas, que les enseñara a recitar la poesía del amor.

Una gran parte de sus seguidores consistía en sencillos pescadores galileos que antes de encontrarse con Él solo pensaban en barcos y peces. Pero los llamó, provocando así la mayor avalancha en el interior de ellos. Les reveló los horizontes hablándoles acerca de los misterios de la existencia, de los secretos de la eternidad, enseñándoles a amarse y entregarse los unos a los otros. La visión de esos galileos ganó una nueva dimensión.

La vida pasó a tener otro significado. Por lo tanto, era insoportable la partida del Maestro.

Un discurso sorprendente

En aquella noche extraña, Cristo no solo lavó los pies a los discípulos y los estimuló a desarrollar las funciones más altruistas de la inteligencia. También los impresionó con un diálogo sorprendente.

Todos estaban reclinados sobre Él, saboreando el cordero pascual. Entonces Jesús interrumpió la cena, los miró y profirió su más intrigante discurso.

Un discurso breve que, no obstante, perturbó profundamente a los discípulos. Un discurso capaz de dejar perplejo a cualquier pensador de psicología y psiquiatría al analizarlo. Los discípulos estaban comiendo tranquilos cuando, de repente, Jesús tomó el pan, lo partió y dijo de forma segura y espontánea: «Tomad, comed; esto es mi cuerpo. Y tomando la copa, y habiendo dado gracias, les dio, diciendo: Bebed de ella todos; porque esto es mi sangre del nuevo pacto, que por muchos es derramada para remisión de los pecados» (Mateo 26.26-28).

Jamás en la historia alguien tuvo el coraje de hablar acerca de su propio cuerpo y su propia sangre de esa forma, y mucho menos darle un significado a la propia muerte como lo dio Él. Veamos.

La sangre de la nueva alianza

Cuando alguien va a ser martirizado o está bajo grave riesgo de muerte, un inmenso temor invade el ámbito de la emoción. El miedo retrae el pensamiento y desmenuza la seguridad. La voz se estremece y agita. ¿Le sucedieron a Jesús esos mecanismos inconscientes e instintivos en su Última Cena? ¡No! Él sabía que iba a enfrentarse al martirio de la cruz. Estaba consciente de que iba a morir al día siguiente en forma lenta. Su cuerpo se iba a deshidratar y la sangre vertería por sus muñecas, manos, cabeza y espaldas. Pero en vez de quedarse amedrentado y buscar un rincón para protegerse, habló acerca de su martirio en una cena y, aun más, le dio un significado sorprendente.

Dijo categóricamente que el vino que estaban bebiendo iba a dar inicio a una nueva era, una nueva alianza. Su martirio no sería una simple ejecución humana, sino que tenía un papel eterno. Sería una sangre vertida a favor de la humanidad.

En la sociedad, las personas que cometen crímenes son llevadas a los tribunales y si no hay distorsiones en el juicio, pueden sufrir castigo. Jesús anunció un reino misterioso, el reino de Dios. Según su manera de pensar, así como hay una justicia humana que ejerce el derecho social, hay una divina que ejerce el derecho celestial en el reino de Dios. Él vino a justificar al ser humano delante de Dios, deseando perdonar a cada uno ante el tribunal divino.

En la cruz se concretó su objetivo, hasta las últimas consecuencias. ¿Cómo puede la sangre de un solo hombre aliviar los errores e injusticias de la humanidad entera? La sangre de Cristo establecería una alianza eterna.

Aunque el tiempo de vida sea corto, es suficientemente largo para que se cometan muchos errores. Tenemos actitudes individualistas, ego-céntricas, disimuladas, agresivas. Juzgamos sin tolerancia a las personas que más amamos. Rechazamos a aquellos que se nos oponen.

Muchas veces nos prometemos pensar antes de reaccionar, pero pasa el tiempo y frecuentemente seguimos siendo víctimas de la impul-sividad. Tenemos una gran dificultad en ver al mundo a través de los ojos de los demás. Queremos que primero el mundo gire en torno a nuestras necesidades, para después pensar en las necesidades de aquellos que nos rodean. Somos rápidos para reclamar y lentos para agradecer.

Producimos un universo de pensamientos absurdos que luchan contra nuestra propia calidad de vida y, a veces, no tenemos la disposición ni la habilidad de reconsiderarlos. Fallamos continuamente en nuestra historia.

El único que no admite su fragilidad es aquel que no es capaz de mirar hacia su interior o quien posee una vida sin ningún principio ético. En la mente de las personas más moralistas, que viven apuntando el dedo a los demás, hay un mundo de ideas nada puritanas.

Podemos ser señores del mundo en el que estamos, pero no del mundo que somos. Gobernamos máquinas, pero no algunos fenómenos inconscientes que leen la memoria y construyen las cadenas de pensamientos. Todos tenemos grandes dificultades para administrar la energía emocional. Por eso, a pesar de poseer una inteligencia tan sofisticada, somos frágiles y podemos cometer tantos errores.

Somos una especie que cojea entre todas las formas de aciertos y errores. Y de repente surge un Galileo que no frecuentó escuelas y dice, para sorpresa nuestra, que vino para darnos algo maravilloso: la vida eterna. Y en lugar de requerir grandes actitudes nuestras para conseguirla, o de declarar con severidad que no cometamos ninguna clase de error o inmoralidad, no exige nada de nosotros, solo de sí mismo. Muere para que no muramos, sufre para que no suframos. Derrama su propia sangre para justificarnos delante del autor de la existencia. El que es incapaz de analizar las ideas de Cristo es el único que no se perturba.

Jesús es, sin duda, una persona única en la historia. Cualquiera que se ponga a pensar un poco en la dimensión de sus gestos quedará asombrado. Miles de cristianos observan cada semana los símbolos del pan y del vino, sin darse cuenta de que aquello que parece un simple ritual revela en realidad las intenciones de una persona sorprendente.

La sangre se compone de hemática, leucocitos, plaquetas y muchas otras sustancias. Todos tenemos ese precioso líquido que circula miles de veces a lo largo de la vida para nutrir las células y trasportar todas las impurezas para ser metabolizadas en el hígado y eliminadas en la orina. Pero cuando el cuerpo muere, la sangre se deteriora, perdiendo sus características y funciones.

El Maestro de Nazaret dio un significado a su sangre que sobrepasó los límites de su aspecto material. Su vida y su sangre serían usadas como herramienta de justicia y perdón. Serían usados tanto para aliviar los sentimientos de culpa del ser humano como para quitar todas sus deudas para con el Creador.

Según Cristo, el rigor del reino del mundo venidero tendrá a Él mismo como su más excelente abogado defensor. ¿Cómo puede alguien decir que la sangre que circula en sus arterias es capaz de frenar el sentimiento de culpa contenido en lo íntimo del alma? ¿Cómo puede la sangre de un hombre transformar nuestra pesada y turbulenta existencia en una suave y serena trayectoria de vida? Algunas personas hacen psicoterapia durante años buscando aliviar el peso de su pasado y solucionar sus sentimientos de culpa, pero muchas veces con poco éxito. Sin embargo, ahora viene Jesús de Nazaret y dice que podría aliviar instantáneamente toda mancha del pasado, todos los errores y sufrimientos humanos.

Freud fue un judío ateo, pero si hubiera investigado la historia de Jesús quedaría intrigado y encantado con su propuesta. Si todos los padres de la psicología que comprendieron que la historia registrada en el «inconsciente de la memoria» tiene un inmenso peso sobre las reacciones del presente, si hubiesen tomado plena conciencia de la propuesta del Maestro de Nazaret, admitirían que es arrebatadora.

Lo más admirable es que Jesús no quería solo aliviar el peso del pasado sobre el presente. También deseaba introducir la eternidad dentro del ser humano y llevarlo a poseer una vida llena de pleno placer y con las funciones más importantes de la inteligencia.

¿Ya se imaginó qué es poseer una vida sin fin, sin cualquier sentimiento de culpa, e incluso saturada de placer y sumergida en una esfera donde reinan el arte de pensar, el amor mutuo, la solidaridad, la cooperación social? El Maestro de Nazaret quería borrar los dolores, el tedio, las lágrimas, la vejez y todas las miserias síquicas, físicas y sociales de nuestros diccionarios. Ni la psicología soñó tanto. Ni los filósofos en el máximo de sus distracciones humanísticas se imaginaron una vida tan sublime para el ser humano. Tenemos que confesar que la pretensión de Jesús sobrepasa los límites de nuestra previsibilidad.

Demostró con su cuerpo el acceso a la naturaleza de Dios

El Maestro también le dio un significado extraño a su cuerpo: «Y mientras comían, tomó Jesús el pan, y bendijo, y lo partió, y dio a sus discípulos, y dijo: Tomad, comed; esto es mi cuerpo» (Mateo 26.26).

No solo usaba el pan como símbolo de su propio cuerpo, sino que el cordero muerto que estaba siendo servido en aquella cena simbolizaba su propio ser. El «Cordero de Dios» estaba siendo ofrecido como pan a sus discípulos.

Si estuviéramos en aquella cena y no fuéramos seres íntimos de Cristo, huiríamos escandalizados de sus palabras. ¿Comer la carne de un hombre? ¿Saborear su cuerpo? Nunca escuché hablar de alguien que hubiera estimulado a los demás a que comieren su propio cuerpo. Las historias de caníbales nos provocan escalofríos, pues es angustiante imaginarse a alguien banqueteándose con nuestros órganos.

Pero Cristo se estaba refiriendo al pan simbólicamente. El Maestro no estaba hablando de su cuerpo físico, sino de su naturaleza, el Espíritu Santo dado a los discípulos después de su resurrección. Aquí otra vez está mezclado el concepto de la eternidad.

Anteriormente Jesús dijo, tanto a los que lo seguían como a sus opositores, que quien no bebiera de su sangre y no comiera de su carne no tendría vida eterna (Juan 6.53). Por medio de esas palabras había anticipado los hechos que sucederían en la Última Cena.

La osadía de Cristo era tanta que no solo dijo que trascendería la muerte, sino que también se convertiría en un tipo de «pan», de alimento que saciaría el alma y el espíritu humano.

Ningún hombre en la historia, excepto Cristo, reunió a sus amigos alrededor de una mesa y habló acerca del destino de su cuerpo y su sangre. Con mucha naturalidad, el Maestro habló de la sangre que escurriría por sus espaldas después de los azotes; de su cabeza después de recibir la corona de espinas; y de sus manos y pies después de la crucifixión.

Con el paso del tiempo, nos volvemos insensibles a las palabras de Jesús. No nos damos cuenta de su impacto. Imagine si alguien nos invitara a una cena y, de repente, nos mirase a los ojos y nos estimulase a beber de su sangre y a comer de su carne, aunque sea simbólicamente. ¿Qué reacción tendríamos? Pánico, desespero, vergüenza, deseo de huir rápidamente de ese escenario violento.

Consideraríamos a nuestro anfitrión como el más loco de los hombres. Aunque los discípulos supieran que Cristo era dócil, amable, coherente e inteligente, sus palabras fueron inesperadas y sorprendentes.

Ellos no sabían cómo reaccionar. Sus voces se volvieron temblorosas. Sus emociones oscilaban entre el llanto, la ansiedad y el desespero. No osaban preguntar nada a Jesús, pues sabían que sus palabras anunciaban su fin, expresaban su verdadera misión. Él dejó varias veces en claro que, si su sangre no fuera derramada y su cuerpo no fuera crucificado, el ser humano no sería perdonado delante de Dios y, por lo tanto, no alcanzaría la inmortalidad. Nunca alguien planeó un proyecto tan ambicioso. Nunca en la historia alguien usó, como Jesucristo, su propia muerte para «sanar» las miserias de la humanidad y transportarla hacia una vida inagotable.

A pesar de que las palabras de Cristo en la Santa Cena trascienden la lógica científica metiéndose en el terreno de la fe, la ciencia no puede evitar analizarlas. Todos sabemos que los sufrimientos por los cuales pasamos casi siempre aumentan nuestra tristeza y destruyen nuestros sueños. Pero el Maestro vivía principios contrarios a los esperados. Iba a morir dentro de pocas horas, pero transformó su muerte en un baluarte eterno. Cuanto más sufría y era confrontado por los aparentes fracasos, más elevados eran sus pensamientos y sueños. Donde debían dominar el miedo y el retroceso, Él hacía florecer los objetivos y la motivación.

«Haced esto en memoria de mí»

Jesús les dijo a los discípulos que debían repetir la escena de la Última Cena en su memoria. Solamente una persona que cree que la muerte no extingue la conciencia existencial hace una petición como esa. Si alguien cree que la muerte lleva a un estado de silencio eterno, a un vacío inconsciente, entonces no le importará lo que hagan con sus palabras aquellos que permanezcan vivos. Solamente los que tienen esperanza en la continuidad de la existencia, aunque no tengan conciencia de eso, desean que su memoria sea preservada.

Si miramos a la muerte sin misticismos, veremos que sus implicaciones psicológicas son muy serias. La muerte desmenuza el ser, destruye el cerebro, reduce a polvo los secretos contenidos en la memoria del tejido cerebral. La muerte termina con el espectáculo de la vida.

Cristo moriría al día siguiente, su memoria sería hecha polvo por la descomposición de su cerebro. Pero en su discurso de la Última Cena, habló con una increíble espontaneidad acerca de la muerte. Estaba absolutamente seguro de que vencería aquello que los médicos jamás soñaron vencer. Para Él, la muerte no traería la nada existencial, la pérdida irrecuperable de la conciencia, sino que abriría las ventanas de la eternidad.

La extraña petición de Jesús para que se repitieran en su memoria los símbolos de aquella cena la cumplen millones de cristianos pertenecientes a innumerables denominaciones de todo el mundo, e indica su plena convicción de que no solo saldría intacto del caos de la muerte, sino que también llevaría a cabo su plan transcendental. La muerte, la única vencedora de todas las guerras, sería vencida por el carpintero de Nazaret.

El Maestro participa de un banquete antes de su muerte

J. A. es un brillante ejecutivo. Tiene una excelente capacidad intelectual, es lúcido, coherente y elocuente. Todas las mañanas reúne a sus gerentes, discute ideas, se informa sobre la productividad y el desempeño de su empresa y les da las directrices básicas. Promueve una reunión mensual abierta a todos sus funcionarios. Escucha y habla sin temor, animándolos, elevando su autoestima y creando vínculos entre ellos y la empresa.

J. A. es un hombre accesible, carismático, inteligente y fuerte. Todavía no sabe luchar con sus frustraciones y fracasos. Acepta los problemas y los encara como desafíos. Pero cuando no alcanza sus propias metas o cuando ocurre una falla con sus líderes, se vuelve un verdugo de sí mismo. Se mantiene tranquilo delante de los dolores de los demás y les da orientaciones precisas cuando es necesario, pero se turba ante sus propios dolores. Al mínimo estrés, comienza a sentir varios dolores psicosomáticos como la pérdida del apetito, fatiga excesiva, dolor de cabeza, taquicardia, sudor. La pérdida del apetito es su marca psicoso-mática principal cuando le arremete la ansiedad.

El apetito es el instinto que preserva la vida. Cuando se altera, se enciende una luz roja indicando que la calidad de las emociones está mal y a punto de amenazar la vida. Difícilmente a una persona no se le altera el apetito en momentos de estrés: o lo aumenta (hiperfagia/comer en exceso) o lo disminuye (anorexia).

La anorexia es más común que la hiperfagia (el comer en exceso). Existen distintos grados de anorexia, incluyendo la nerviosa, que es una enfermedad psiquiátrica grave en la que ocurre la pérdida completa del apetito asociada a una crisis depresiva y a la distorsión de la autoima-gen. Esta se encuentra tan alterada que el hecho de comer se vuelve una agresión al cuerpo, aunque la persona esté muy delgada. Ganar algunos gramos significa ganar un peso insoportable. Cuando el psicoterapeuta no consigue romper el vínculo enfermizo que la persona mantiene con su autoimagen, no logra rescatarla de la muerte.

Quiero destacar aquí una de las características de la personalidad de Cristo que se revela en los momentos de estrés. Nadie conseguiría mantener su apetito intacto sabiendo que dentro de algunas horas iría a sufrir intensamente y, al final, morir. En esa situación solo habría posi-bilidad de llorar y de desesperarse. Sin embargo, el Maestro participó de un banquete con sus discípulos en la Última Cena. Es una actitud total-mente inesperada. Comió y bebió suficiente con sus discípulos. Comió el pan, el cordero pascual y bebió vino.

Sus enemigos iban a hacerlo pasar por largas sesiones de tortura, pero en aquel momento la idea que se tenía era que no poseía enemigos. De hecho, para Él no existían. Solo sabía hacer amigos. ¿Por qué no hacía enemigos? Porque no se dejaba perturbar por las provocaciones, ni se dejaba contaminar por las ofensas y la agresividad que lo rodeaban.

Frecuentemente actuamos de forma diferente. Hacemos de nuestras emociones una verdadera cesta de basura. Cualquier actitud agresiva nos afecta y nos perturba durante días. Una simple mirada indiferente nos quita la tranquilidad. A Cristo no le importaba su imagen social. Era seguro y libre en el área de las emociones.

El mundo a su alrededor podía conspirar contra Él, pero Cristo caminaba entre las turbulencias de la vida como si nada de eso estuviera ocurriendo. Por eso comió mucho la noche anterior a su muerte, no dejándose abatir antes de tiempo.

¿Cómo es posible que alguien que está a punto de ser clavado en una cruz, no esté deprimido? ¿Cómo puede alguien que va a pasar por un espectáculo vergonzoso y doloroso, tener la estructura emocional para relacionarse en forma agradable con sus amigos íntimos en torno a una mesa?

Una estructura emocional sólida

Si bien es difícil comprender cómo conservó Cristo el instinto del hambre horas antes de su martirio, imagine si le dijéramos a usted, lector, que Él no solo participó de un banquete, sino que cantó antes de morir. Pues eso fue lo que sucedió. El registro de Mateo dice: «Y cuando hubieron cantado el himno, salieron al monte de los Olivos» (Mateo 26.30).

¿Qué disposición tendría alguien para cantar en vísperas de su fin? El amante más grande de la música cerraría sus labios, pues nuestra emoción nos encierra cuando tenemos por delante los dolores. Pero Cristo se sentía libre cuando tenía por delante los suyos.

La canción que entonó no fue compuesta en esa hora sino que fue una letra conocida por los discípulos, pues todos la cantaron, y eso está registrado en Mateo 26.30. Creo que la letra era alegre y por eso, como de costumbre, probablemente batieron palmas mientras cantaban (Mateo 26.30).

La conclusión a la que llegamos es que el Maestro de Nazaret era un magnífico gerente de su inteligencia. Administraba con extremada habilidad sus pensamientos y emociones en los momentos de estrés. No sufría anticipadamente, aunque tuviese todos los motivos para eso, si se hubiera puesto a pensar en el drama que iba a empezar dentro de pocas horas en el jardín de Getsemaní.

Un amigo mío que se iba a someter a una cirugía para extirparse un tumor se fue poniendo cada vez más ansioso mientras más se acercaba la fecha. En la víspera, estaba tan angustiado y tenso que se le reflejaba en su cara. Tenía el rostro contraído y preocupado. Nada lo animaba. Cualquier charla lo irritaba. Su mente estaba fija en la cirugía.

Si una cirugía puede provocar tanto estrés, aunque fuese hecha con anestesia y asepsia, imagínese cuántos motivos tenía el carpintero de Nazaret para estar abatido. Su cuerpo sería herido con azotes y clavado en el madero sin anestesia. Asimismo, su emoción estaba llena de una serenidad arrebatadora. Además de no dejarse perturbar, aun tenía aliento para hablar con la mayor osadía acerca de su misión y el modo en que sería eliminado de la tierra de los vivientes.

La psicología fue tímida y omisa en investigar los pensamientos y las entrelíneas del comportamiento de Jesús de Nazaret. Permítanme decir con modestia que este libro, a pesar de sus imperfecciones, viene a rescatar una deuda de la ciencia con el Maestro de maestros de la escuela de la existencia. Al investigarlo, es difícil no concluir que él fue un eximio líder de su mundo interior, cuando el mundo exterior estaba cayendo sobre su cabeza. No creo que algún psiquiatra, psicólogo o cualquier pensador de filosofía se haya aproximado a la madurez del Maestro de

Nazaret, ampliamente expresada en la forma como controlaba su psique delante de los muchos escenarios estresantes que lo rodeaban.

Muchas personas son infelices, aunque tengan excelentes motivos para ser alegres. Otras, en lugar de superar las pérdidas que tuvieron en la vida, se vuelven rehenes del pasado, del miedo, de la inseguridad, de la hipersensibilidad. Se ponen como víctimas desprovistas de privilegios. Nunca consiguen construir un oasis en los desiertos que atraviesan.

Jesús forjó una trayectoria emocional contraria. Él pudo haber sido un hombre angustiado y ansioso pero, al contrario, era tranquilo y sereno. La riqueza de su emoción era tanta, que llegó a lo inconcebible: tuvo el coraje de decir que Él mismo era una fuente de placer, de aguas vivas, para matar la sed del alma (Juan 7.37-38). Eso explica el comportamiento casi incomprensible que tuvo en la víspera de su muerte: cantar y alegrarse con sus amigos. En Cristo, la sabiduría y la poesía convivieron intensamente en la misma alma.

5 | Un discurso final emocionante

El discurso final revela los secretos del corazón

Después de haber cenado con los discípulos, de hablar acerca de su sangre y de su cuerpo y de cantar, el Maestro de Nazaret salió del cenáculo. Comenzó entonces un largo y profundo diálogo con sus discípulos.

En una atmósfera llena de fuertes emociones, reveló los secretos ocultos en su corazón. Alrededor de la mesa había hablado resumidamente sobre su misión, pero aquí reinaba un clima de duda entre aquellos galileos. Ahora, al aire libre, se les reveló como nunca antes.

Reveló sus más íntimos pensamientos. Nunca antes había desgarrado su alma y hablado de forma tan cristalina acerca de su proyecto trascendental. Nunca habló en forma tan transparente sobre el objetivo de su vida ni mostró tanta preocupación por el destino de sus discípulos íntimos y el de todos aquellos que se le agregarían después de su muerte. Los discípulos quedaron impresionados con su discurso. Dijeron: «He aquí ahora hablas claramente, y ninguna alegoría dices» (Juan 16.29).

¿Quién registró tal discurso? Juan. Ese amable e íntimo discípulo estaba viejo, al final de su vida, cuando rescató esos hechos y los escribió en su evangelio. Más de medio siglo había pasado desde la muerte de Jesús. Los otros discípulos ya habían muerto, muchos habían sido perseguidos y martirizados, entre ellos Pedro y Pablo. Juan no tenía más a sus antiguos amigos. Fue en ese momento que escribió la cuarta biografía de Cristo, el cuarto evangelio.

Miles de nuevos discípulos de todas las naciones y culturas habían ingresado al «camino». La mayoría no tenía una visión clara acerca de la personalidad, los pensamientos, deseos y propósitos del Maestro. Juan quería conducirlos al primer amor, transportarlos a las palabras vivas y originales de Jesús. Para eso nos dejó el legado de sus escritos.

Juan deseaba poner colirio en los ojos de los discípulos que no habían convivido con Cristo. En su evangelio, se sumerge profundamente en los momentos históricos que precedieron a la crucifixión. Casi la mitad del Evangelio de Juan se refiere a las últimas cuarenta y ocho horas de vida del Maestro.

Muchos me han dicho que escribo acerca de Cristo de una forma como nunca antes habían visto, aunque lo hayan estudiado por décadas. Yo no tengo ningún mérito. El mérito pertenece al personaje central de este libro, que sin duda alguna posee una personalidad magnífica, propia de ser investigada por los más escépticos. He comentado que para interpretar la historia es necesario mantener distancia de los prejuicios y juicios superficiales que hay en nuestra propia historia, y que están archivados en nuestra memoria. Necesitamos transportarnos a través del tiempo para contemplar atentamente las palabras, las imágenes, los ambientes y participar de cada una de las escenas existentes. Es necesario zambullirnos en la historia viva expresada por las letras muertas, respirar el aire que los personajes históricos respiraron, sentir la expresión de sus rastros e investigar sus emociones manifestadas en los momentos de estrés. En caso contrario, las letras impresas serán un velo que bloqueará la interpretación, llevándonos a rescatar una historia muerta, vacía y excesivamente distorsionada.

Juan llevó a sus lectores a interpretar bellamente la historia. En sus escritos transportó a los amantes tardíos del Maestro, llevándolos a participar de las escenas más importantes de su historia. Los capítulos del catorce al dieciséis contienen diversas escenas y situaciones con intenso calor emocional. En ellos está registrado el más largo y completo discurso de Cristo.

Juan cuenta que en aquella época los discípulos eran jóvenes, frágiles y no estaban marcados por la vida. No admitían el sufrimiento ni la muerte de su Maestro. El miedo y el dolor habían invadido sus emociones. Entonces recuerda la amabilidad del Maestro que, necesitando ser confortado ya que iba a enfrentar el caos, los confortaba diciendo que a pesar de que iban a pasar por diversas aflicciones y problemas, no debían desanimarse, sino tenerlo como un espejo: «Yo he vencido al mundo» (Juan 16.33).

Juan introdujo a sus lectores a la atmósfera de amor creada por Jesús. Revela que aunque los discípulos fueran inoportunos, egoístas y poco solidarios unos con otros, el Maestro los cuidaba cariñosamente. No sabían amar a nadie más que a sí mismos o a sus seres íntimos, pero Jesús entró en sus vidas y suavemente les fue enseñando el lenguaje del amor, utilizando sus palabras poco comunes y sus gestos inesperados. Un amor que está más allá de los límites de la sexualidad, de los intereses propios y de la expectativa de ventajas, un amor que mata el virus del individualismo y saca las raíces de la soledad. El Maestro decía incansablemente a aquellos jóvenes deficientes emocionalmente: «Que os améis unos a otros; como yo os he amado» (Juan 13.34).

Juan también comenta que el Maestro dijo palabras hasta entonces no pensadas acerca de una habitación eterna, una morada que sobrepasaba lo material: «En la casa de mi padre muchas moradas hay» (Juan 14.2). Y prosigue: «Porque yo vivo, vosotros también viviréis» (Juan 14.19). Comenta el deseo ardiente que Jesús tenía por la unidad de los que lo aman, a pesar de sus diferencias.

Juan reproduce extensamente el último discurso de Jesús. Hay mucho que comentar, pero ese no es el objetivo de este libro. Me gustaría analizar más detalladamente no el discurso que Cristo hizo delante de sus discípulos, sino el que contenía la oración que hizo al Padre. En el capítulo diecisiete del Evangelio de Juan, Jesús revela que tiene un Padre, un Padre diferente a todos los demás. En este texto sostiene un diálogo íntimo, apasionado y misterioso con Dios. Veamos.

El discurso final concluido con una oración

Jesús alza los ojos al cielo y comienza su oración. El hecho de levantar los ojos al cielo indica que el Maestro estaba mirando hacia otra dimensión, una que estaba fuera de los límites del tiempo y del espacio, una dimensión más allá de los fenómenos físicos.

Su discurso antes de ir al Getsemaní concluye con esa oración. Es bella y llena de emoción. Él estaba por cumplir su misión fundamental. Estaba a punto de ser arrestado y muerto sin compasión. Miraba a sus discípulos y se conmovía por dejarlos, interesándose en lo que les sucedería después de su muerte. En ese clima, dialoga con el Padre.

Quien tiene por delante el fin de su propia vida no tiene nada más que ocultar. Lo que esté reprimido por dentro se manifiesta sin recelos.

Cerca a su fin, Cristo expresó algo que estaba presente en la raíz de su ser. Sus deseos más íntimos, sus planes más profundos y sus emociones más ocultas fluyeron sin restricciones.

Después de decirles a sus amados discípulos que tuviesen ánimo porque iba a vencer al mundo, levanta los ojos al cielo y pronuncia: «Padre, la hora ha llegado; glorifica a tu Hijo, para que también tu Hijo te glorifique a ti; como le has dado potestad sobre toda carne, para que dé vida eterna a todos los que le diste. Y esta es la vida eterna: que te conozcan a ti, el único Dios verdadero, y a Jesucristo, a quien has enviado. Yo te he glorificado en la tierra; he acabado la obra que me diste que hiciese. Ahora pues, Padre, glorifícame tú al lado tuyo, con aquella gloria que tuve contigo antes que el mundo fuese» (Juan 17.1-5).

El contenido de ese diálogo es intrigante. Jesús oró para que solo el Padre oyera, y nadie más. Pero como estaba emocionado, no hizo una oración silenciosa sino en voz alta, y por eso los discípulos la oyeron. Las palabras que dijo tocaron lo más profundo del joven Juan. A él jamás se le olvidaron. Por eso, después de tantas décadas, las registró.

Reveló otra identidad

En esa oración Jesús hizo una afirmación sorprendente. Dijo que su Padre era el Dios eterno. Pero, ¿no era él el hijo de María y José? ¿No era solamente el carpintero de Nazaret? En esa oración declara sin disfraces que no era solo un hombre completo, sino también el Dios Hijo, la segunda Persona de la misteriosa Trinidad. El más intrigante de los hombres, aquel que nunca buscó la fama ni la ostentación, asume su estatus de Dios y no solo de un ser humano inteligente, especial, inusitado.

Estamos acostumbrados a la expresión «Hijo de Dios», pero en aquella época para los judíos era una gran herejía. Ellos adoraban el Dios

Todopoderoso, creador del cielo y de la tierra, que no tiene principio de días ni fin de existencia. Para ellos, los seres humanos eran solo criaturas de Dios. Jamás admitieron que un hombre pudiera ser hijo del inmortal, del Todopoderoso.

Declararse Hijo de Dios, para los judíos, era lo mismo que afirmar poseer la misma naturaleza de Dios y, por lo tanto, era hacerse igual a Dios. Una blasfemia inaceptable. ¿Cómo puede un hombre sencillo, que no busca poder ni fama, ser el propio hijo del Dios altísimo? Eso era inconcebible para los doctores de la ley.

Una vida más allá de los límites del tiempo

En el contenido de su extensa oración, el Maestro de Nazaret reveló algunas cosas perturbadoras. Entre ellas, dijo que su existencia excedía su edad temporal, su edad biológica. Tenía poco más de treinta y tres años, pero afirmó: «Ahora pues, Padre, glorifícame tú al lado tuyo, con aquella gloria que tuve contigo antes que el mundo fuese» (Juan 17.5).

La palabra griega usada en el texto original para expresar mundo es «cosmos». Cristo reveló que antes que hubiera cosmos, Él estaba allá, junto con el Padre en la eternidad pasada. Hay billones de galaxias en el universo, pero antes que existiese el primer átomo y la primera onda electromagnética, Él estaba allá. Por eso, Juan dijo que nada había sido hecho sin Él. Aquí nuevamente afirmó su naturaleza divina, postulando que, como Dios Hijo, su vida extrapolaba los límites del tiempo. Dijo que su historia sobrepasaba los parámetros del espacio y del tiempo descritos en la teoría de Einstein.

Declarando palabras sorprendentes, se puso por encima del propio pensamiento filosófico que busca el principio de la existencia. ¿Qué misterios se escondían en ese hombre para que se pusiera por encima de los límites de la física? ¿Cómo puede alguien afirmar que estaba en el principio del principio, en el inicio antes del inicio, en el nivel anterior a cualquier principio existente? Lo que ningún ser humano tendría coraje de decir acerca de sí mismo, lo afirmó Él con la mayor naturalidad.

Cierta vez, los fariseos le preguntaron seriamente acerca de su origen. El Maestro los miró y los estremeció con la siguiente respuesta: «Antes que Abraham fuese, Yo soy» (Juan 8.58). Los asombró a tal punto con esa respuesta que desearon matarlo. No dijo que antes de Abraham existir «yo ya existía», sino «Yo soy».

Al contestar «Yo soy», no quería decir solamente que era temporalmente más viejo que Abraham, el padre de los judíos, sino que usó una expresión poco común para referirse a sí mismo. El mensaje fue entendido por los estudiosos de la ley. Ellos sabían que nada podía ser tan osado como usar la expresión «Yo soy». ¿Por qué? Porque era una expresión usada solamente en el Antiguo Testamento por el propio Dios de Israel para describir su naturaleza eterna. Al definirse, Dios le dijo a Moisés en el Monte Sinaí: «Yo soy el que soy» (Éxodo 3.14).

Ante los ojos de los líderes judíos, que alguien dijera que era más viejo que Abraham, que había muerto hacía siglos, sería considerado un loco; pero si usara la expresión «yo soy» sería considerado como el más insolente blasfemo. Al decir tales palabras, Cristo estaba declarando que tenía las mismas dimensiones alcanzadas por la conjugación de los tiempos verbales de la palabra ser: Él es, era y será.

Usamos el verbo existir cuando nos referimos a nosotros mismos, pues estamos limitados al tiempo y, por lo tanto, somos finitos. Todo en el universo está en proceso constante de caos y reorganización. Nada es estático, todo es destructible. Hasta el sol, dentro de algunos miles de años, ya no existirá y, consecuentemente, no habrá más Tierra. Pero Cristo se ubica como un ser autoexistente, eterno, ilimitado. Aquel que es la expresión de la humildad en algunas oportunidades, ahora revela una identidad por encima de los límites de nuestra imaginación.

El tiempo es el «señor» de la duda. El mañana no pertenece a los mortales. No sabemos qué nos sucederá dentro de una hora. No obstante, Cristo fue tan osado que afirmó estar más allá de los límites del tiempo. En cualquier tiempo Él «es». El pasado, el presente y el futuro no lo limitan. Las respuestas del Maestro son cortas, pero sus implicaciones dejan trastornado a cualquier pensador.

En su oración registrada en el Evangelio de Juan, Jesús dijo: «La hora ha llegado» (Juan 17.1). Ya era noche cuando oró. Al día siguiente, a las nueve de la mañana, sería crucificado. La hora de su martirio había llegado, el momento principal por el cual había esperado tanto se acercaba. Entonces, le ruega al Padre que sea glorificado con la gloria que tenía antes que hubiera el mundo, el cosmos.

¿Qué gloria es esa? Jesús era un galileo castigado por la vida desde la niñez. Sufrió hambre, frío, sed, pasó noches sin dormir y no tenía tiempo para cuidar de sí mismo. Si estuviéramos allí mirándolo, seguramente no veríamos la belleza con que los pintores del pasado lo retrataron.

No había en Él belleza ni gloria exterior. Pero declara que poseía una gloria anterior al cosmos. Aunque estuviese revestido de humanidad, rogaba al Padre que le restituyera su naturaleza ilimitada. Es difícil entender a qué gloria se refería. Tal vez hablaba de una transfiguración de su ser, como la que ocurrió en un pasaje misterioso en el «Monte de la transfiguración», donde transmutó su cuerpo (Mateo 17.2). Tal vez se estaba refiriendo al rescate de una estructura esencial que no se conmueve, una naturaleza sin la deterioración temporal, sin limitación física, sin las fragilidades humanas.

Todos los días vemos los sufrimientos y las huellas de la vejez estampadas en las personas. Al nacer, la naturaleza nos expulsa del acogedor útero materno hacia la vida; lloramos y todos se alegran. Al morirnos, regresamos a un útero, el útero frío de un cajón; no lloramos, pero los demás lloran por nosotros.

No hay quien escape del primer y del último capítulo de la existencia. Sin embargo, viene un hombre llamado Jesús y nos dice que su historia sobrepasa los límites de toda existencia perceptible a los órganos de los sentidos. ¿Cómo puede un hombre de carne y hueso expresar, a pocas horas de su muerte, el deseo ardiente de rescatar un estado existencial indestructible, sin restricciones, ni imperfecciones, angustias ni dolores? ¿Qué secretos se ocultaban tras sus palabras?

Con autoridad para transferir la eternidad

Cristo oró al Padre diciendo: «Como le has dado potestad sobre toda carne, para que dé vida eterna a todos los que le diste» (Juan 17.2). El término «carne» es usado peyorativamente, indicando que a pesar de ser una especie que posee el espectáculo de la inteligencia, somos hechos de «carne y hueso», los cuales se deterioran con el paso del tiempo.

Él quería plantar la semilla de la eternidad dentro del ser humano. Por eso decía: «Si el grano de trigo no cae en la tierra y muere, queda solo; pero si muere, lleva mucho fruto» (Juan 12.24). Quería que la vida ilimitada que poseía, aunque estaba escondida por la «cáscara» de su humanidad, fuera liberada por medio de su muerte y resurrección.

Estamos confinados a un cuerpo limitado, morimos un poco cada día. Un niño con un día de vida ya es suficientemente viejo para morir. No obstante, Cristo quería hacernos eternos. Vino para detener el dilema del fin de la existencia y materializar el más ardiente deseo del ser humano, el de dar continuidad al espectáculo de la vida. La historia de Sócrates ilustra bien ese deseo.

Sócrates fue uno de los filósofos más inteligentes que pisó esta tierra. Fue un amante del arte de la duda. Cuestionaba al mundo a su alrededor. Preguntaba más de lo que contestaba, y por eso no pocas veces dejaba las mentes de las personas más confundidas que antes. A él se atribuye la frase «Conózcase a sí mismo». Sócrates no escribió nada acerca de sí mismo, pero los filósofos ilustres que crecieron a sus pies, entre los cuales se destaca Platón, lo hicieron por él.

A causa de la incomodidad que sus ideas provocaron en la sociedad griega, Sócrates fue condenado a muerte. Algunos creen que podría haber sido perdonado si hubiera restaurado la antigua creencia politeísta, o si hubiera conducido al grupo de sus discípulos hacia los templos sagrados y ofrecido sacrificios a los dioses de sus padres. Pero Sócrates consideraba que esa era una orientación perdida y suicida.[5] Creía en un solo Dios y tenía la esperanza de que la muerte no fuera a destruirlo por completo. Por oponerse al pensamiento reinante de su época, ese dócil filósofo fue condenado a tomar cicuta, un veneno mortal.

Si negaba sus ideas, sería un hombre libre. Pero no quería ser libre por fuera y prisionero por dentro. Prefirió ser fiel a sus ideas y morir con dignidad. Su destino fue la copa de la muerte. El veneno, en pocos minutos, lo anestesiaría y produciría un paro cardíaco y respiratorio. Su copa fue diferente a la de Cristo. Sócrates murió sin dolor. Cristo atravesó las más largas y despiadadas sesiones de tortura física y psicológica.

Platón describe los momentos finales de Sócrates en uno de los más bellos textos de la literatura. Cuando el filósofo bebió el veneno, sus discípulos comenzaron a llorar. Él los hizo callar diciendo que un hombre

---

[5] Will Durant, *The Story of Philosophy* (New York: Simon & Schuster, 1953).

debía morir en paz. Sócrates quería derramar un poco del veneno en homenaje al Dios en quién él creía, pero el verdugo le dijo que solo había preparado lo suficiente para él. Entonces comenzó a orar, diciendo que quería preparar su vida para un viaje en dirección a otro mundo. Después de ese momento de meditación, tomó rápida y decididamente el veneno.

En pocos minutos el tóxico lo mataría. Primero sus piernas comenzaron a paralizarse. Poco después ya no sentía el cuerpo. Se acostó entonces esperando que el veneno interrumpiera sus movimientos cardíacos. Así fue como la cicuta mató a aquel afable hombre lleno de ideas. Pero no mancilló su fidelidad a su conciencia, ni mató su deseo de seguir existiendo. Sócrates anhelaba la trascendencia de la muerte tanto como creía en ella. El mundo de las ideas lo ayudó a amar la vida.

Difícilmente alguien produjo palabras tan serenas como las de ese filósofo tan cerca de la muerte. No obstante, Cristo, al final de su vida, fue mucho más lejos. Produjo las reacciones más sublimes delante de las condiciones más miserables que un ser humano pudiese enfrentar. Clamó: «Yo soy el pan vivo que descendió del cielo; si alguno comiere de este pan, vivirá eternamente» (Juan 6.51).

No hay semejante osadía en la historia. Nadie había afirmado hasta entonces tener el poder de hacer del frágil y mortal ser humano un ser inmortal. Nadie afirmó que la propia muerte abriría las ventanas de la eternidad. Sócrates tenía esperanza de viajar a otro mundo. Cristo, sin embargo, se puso como piloto y como el propio vehículo de ese intrigante viaje hacia dicho mundo. Jesús era un hombre increíble. No quería fundar una corriente de pensamientos o dogmas. ¡No! Él anhelaba liberar al ser humano del paréntesis del tiempo y conducirlo a las avenidas de la eternidad.

Nadie, ni siquiera el que esté en la propia cúspide de su delirio, tiene el coraje ni la capacidad intelectual para pronunciar las palabras que Jesús profirió en esa larga y compleja oración. Lo más interesante es que, al mismo tiempo que miró hacia el cielo y anunció una vida sin fin, se volvió hacia la tierra y mostró una preocupación extremadamente afectuosa por la vida y la historia de sus discípulos.

Declaró al Padre: «Cuando estaba con ellos en el mundo, yo los guardaba en tu nombre... Mas no ruego solamente por éstos, sino también por los que han de creer en mí por la palabra de ellos, para que todos sean uno» (Juan 17.12; 20-21). A pesar de estar cerca de la más angustiante serie de sufrimientos, Jesús aún tenía ánimo para cuidar de sus seres íntimos y hablar acerca del amor en su más bello sentido. Deseaba que una atmósfera de cuidado mutuo y solidaridad envolviera la relación entre sus amados discípulos.

Nunca les prometió una vida utópica, una vida sin problemas y contrariedades. Al contrario, deseaba que los problemas de la existencia pudieran marcarlos. Sabía que el oasis es más bello cuando se construye en el desierto, y no en las florestas.

Sus palabras revelaban que para Él, Dios, aunque invisible, era un ser presente, un ser que no está ajeno a las emociones humanas, sino que también sufría y se preocupaba de cada ser humano en particular. Al estudiar la historia de las religiones percibimos que a Dios frecuentemente se le menciona como un ser intocable, lejos de la condición humana, más preocupado en castigar errores de conducta que en mantener una estrecha y afectiva relación con el ser humano. Pero en la mente de Cristo, su Padre es un Dios accesible, amable, atento y preocupado por las dificultades que pasamos y que, aunque no siempre remueva los obstáculos de la vida, nos permite oportunidades para superarlos.

El Hijo y el Padre participaban juntos, paso a paso, de un plan para transformar al ser humano. En esa oración, Jesús dijo que mientras estaba en el mundo cuidaba a sus discípulos, estimulándolos a que se interiorizasen, a que conociesen los misterios de la existencia y se amasen mutuamente. Pero ahora su hora había llegado y tendría que partir. En la despedida, ruega al Padre que no los saque del mundo, sino que los cuide en los inevitables inviernos de la existencia. Conocía las dificultades que los hombres cruzarían, pero quería que aprendiesen a caminar por ellas con madurez y seguridad, aunque en las curvas de la existencia pudieran verter algunas lágrimas y tuviesen momentos de vacilación.

El Maestro no siempre quería quitar del camino las piedras que estorbaban las trayectorias de sus discípulos, pero deseaba que se convirtiesen en ladrillos para desarrollar en ellos una humanidad elevada.

Buscaba producir alegría en un ambiente de tristeza

Los discípulos estaban a punto de perder a su Maestro. Él, además del dolor de partir, tendría que enfrentar durante toda la noche y a la mañana siguiente el propio martirio. El momento era de gran emoción. No obstante, en un clima en que solo había espacio para llorar, Jesús una vez más hace algo imprevisible. En medio de su oración, habla acerca del placer. Ruega al Padre para que todos sus seguidores en vez de ser personas tristes, angustiadas y deprimidas, tuviesen pleno placer. Dijo: «...para que tengan mi gozo cumplido en sí mismos» (Juan 17.13).

Es difícil investigar la personalidad de Cristo. Está completamente fuera de la previsión lógica y es capaz de dejar perplejo a cualquier investigador de psicología. ¿Cómo puede alguien hablar de alegría estando tan cerca de la muerte? ¿Cómo puede alguien tener disposición para hablar acerca del placer si el mundo conspira contra Él para matarlo?

Nadie que ame la vida y el arte de pensar puede dejar de investigar la personalidad de Cristo, aunque no crea en Él en lo absoluto.

En esa oración, Él aún tiene disposición para preocuparse por la calidad de la relación entre sus discípulos. Clama por la unidad entre ellos. Conmovido, ruega que sus amados galileos y todos aquellos que vengan a agregarse a su proyecto trascendental sean perfeccionados en la unidad.

Como gran Maestro en la escuela de la vida, sabe que la unidad es la única base segura para perfeccionar y transformar la personalidad. Iba a darles su vida a los discípulos y anhelaba que ellos superasen las disputas predatorias, los celos, las contiendas, las ofensas, el individualismo, el egocentrismo. Quería que esas características enfermizas de la personalidad fueran escorias de una vida pasada, superficial y sin raíces.

Deseaba que una nueva vida fuera construida sobre las bases del amor, de la tolerancia, de la humildad, de la paciencia, de la sencillez, del afecto no fingido, de la preocupación mutua. Es probable que en ese discurso final haya llorado por la unidad, aunque con lágrimas ocultas, imperceptibles a los ojos de aquellos que no logran escuchar los sentimientos reprimidos en el territorio de la emoción.

Concluye su oración diciendo: «...para que el amor con que me has amado, esté en ellos, y yo en ellos» (Juan 17.26). El análisis psicológico de esas breves palabras tiene grandes implicaciones contrarias a conceptos comunes.

Cuando pensamos acerca de lo que Dios requiere del ser humano, tenemos en mente un código de ética, el cumplimiento de leyes y reglas de comportamiento que establecen los límites entre el bien y el mal. No obstante, al final de su diálogo con el Padre, Jesús rompe nuestros paradigmas y declara con elocuencia que simplemente quiere que aprendamos a caminar por las dulces, ricas e ilógicas avenidas del amor.

El sufrimiento del pueblo de Israel era grande. La escasez de alimentos era inmensa y la violencia que Roma infligía a todos los que se oponían a su dominio era muy fuerte. En ese ambiente árido nadie hablaba de amor ni de los sentimientos más nobles de la existencia. Los poetas estaban muertos. Los salmistas, enterrados. No había cánticos alegres en aquel ambiente. Pero vino un hombre diciendo que era el Hijo del Dios eterno. Su discurso fue raro. Él encierra su corta vida terrenal hablando no de reglas, leyes ni sistemas de castigo, sino simplemente acerca del amor.

Solo el amor es capaz de hacer cumplir espontánea y placenteramente todos los preceptos. Solamente Él le da sentido a la vida y hace que ella, al igual que todas sus dificultades, sea una aventura tan bella que rompe la rutina y renueva las fuerzas cada mañana. El amor transforma a hombres miserables en seres felices; la ausencia del amor transforma a ricos en seres miserables.

6 | Viva el arte de la autenticidad

El ambiente del jardín de Getsemaní

El alimento y la bebida que Cristo ingirió en la Última Cena fueron importantes para sostenerlo. Sus perseguidores no le dieron pan ni agua durante su tormento. Él sabía qué era lo que le esperaba, por eso se alimentó calmadamente para poder soportar el oprobio de su vida.

Después de su oración sacerdotal, Jesús fue sin miedo al encuentro de sus opositores. Se entregó espontáneamente. Buscó un sitio tranquilo, sin el asedio de la multitud, pues no deseaba ninguna forma de tumulto o violencia. No quería que ninguno de los suyos corriera riesgo. Mostró preocupación hasta por la seguridad de los hombres encargados de arrestarlo, pues censuró el hecho agresivo de Pedro contra uno de ellos.

El Maestro era tan dócil que por donde pasaba florecía la paz, nunca la violencia. Los hombres podían ser agresivos con Él, pero Él no era agresivo con nadie. Un olor a tranquilidad llenaba los ambientes por donde iba. ¿Seremos nosotros capaces de crear a nuestro alrededor un clima agradable de tranquilidad, o estimulamos la irritación y el estrés? El amor que sentía por el ser humano protegía a Jesús del calor hirviente de los desiertos de la vida. Llegó al absurdo de amar a sus propios enemigos. ¡Qué diferentes que somos! Nuestro amor es circunstancial y estricto, tanto que a veces no queda energía ni para amarnos a nosotros mismos y experimentar un poco de autoestima.

La ira del Maestro en el momento apropiado, por el motivo correcto y en la medida adecuada

La única vez en que Jesús se airó, estaba en el templo. Vio a los hombres haciendo negocios en la casa de su «Padre», vendiendo animales y cambiando monedas. El templo de oración se había convertido en templo de comercio. Aquella escena lo incomodó profundamente y por eso, aunque estuviera en el territorio de personas que lo odiaban, volcó la mesa de los cambistas y los expulsó del templo. Dijo: «No hagáis de la casa de mi Padre casa de mercado» (Juan 2.16).

Algunos judíos irritados con su actitud le preguntaron cuál era el motivo de su ira y con qué autoridad hacía aquellas cosas. La ira nunca paralizaba el raciocinio de Jesús. Por eso, respondió con serenidad y osadía: «Destruid este templo, y en tres días lo levantaré» (Juan 2.19). Ellos nunca esperaron oír tal respuesta. La pregunta era desafiante, pero la respuesta fue impactante. Sus palabras sonaron como una afrenta para aquellos hombres. Por eso contestaron inmediatamente: «En cuarenta y seis años fue edificado este templo, ¿y tú en tres días lo levantarás?» (Juan 2.20)

El templo de Jerusalén era una de las mayores obras de ingeniería de la civilización humana. El material de construcción había sido preparado durante muchos años por el rey David, aunque solamente su hijo Salomón lo edificó. Para eso, usó miles de trabajadores. Pocas obras demoraron tantos años en ser concluidas.

El templo era el símbolo de los judíos, el local sagrado. Hacer cualquier mención del templo era tocar las raíces de su historia. No obstante, surgió un hombre de Galilea, una región despreciada por los judíos, diciendo que aquel templo milenario no era un local sagrado para Él, sino su propia casa, la casa de su Padre. Tal hombre se apodera de aquel local como si fuera su propiedad y expulsa a los que allí cambiaban monedas y hacían comercio de animales. Y además afirma con mucha osadía que en tres días lo destruiría y lo reedificaría.

Cada vez que Jesús abría la boca los judíos se quedaban aterrados, sin saber si lo consideraban loco o el más blasfemo de los hombres. Jesús ya había sido amenazado de muerte varias veces por los judíos. Ahora, sin mostrar ninguna clase de miedo y sin dar muchas explicaciones, profirió pensamientos que destruyeron la forma de pensar de ellos. ¿Cómo podría alguien apoderarse del templo sagrado de los judíos? ¿Cómo es posible que un hombre destruya y edifique en tres días una de las más osadas obras de la ingeniería humana?

Jesús en pocas palabras revela su gran proyecto. El templo físico, que demorara décadas en ser construido, sería transferido al interior del ser humano. Por medio de su muerte, la humanidad sería redimida, abriendo camino para que Dios pudiera habitar en el espíritu humano. ¿Cómo es posible que el arquitecto de un universo de billones de galaxias se haga tan pequeño hasta el punto de habitar dentro de una ínfima criatura humana? Ese era el objetivo principal del Maestro de Nazaret.

Pablo, el apóstol tardío que fuera un agresivo opositor, dio continuidad a ese pensamiento declarando osadamente que las discriminaciones raciales serían extirpadas, que las distancias entre las personas serían removidas y que habría una unidad jamás pensada en la historia, o sea, los judíos y los demás pueblos (gentiles) pertenecerían a la misma familia, «sois miembros de la familia de Dios» (Efesios 2.19). Ellos estarían siendo «...edificados para morada de Dios en el Espíritu» (Efesios 2.22).

El bellísimo sueño del apóstol Pablo, que estaba en sintonía con el plan de Jesús, aún no se ha cumplido. Somos una especie que aún cultiva toda suerte de discriminaciones. Los seres humanos aún no aprenden el lenguaje del amor. Nos aferramos más a las diferencias que a la solidaridad. Nos dividimos en forma tonta e ilógica a causa de una delgada capa de piel coloreada, de algunos metros de tierra, de algunos dólares en el bolsillo, de algunos certificados en la pared.

Al decir que en tres días destruiría el templo y lo reedificaría, Jesús se estaba refiriendo al oprobio de su vida. Él, como el templo de Dios, moriría y al tercer día resucitaría. Una vez más proclamó que trascendería la muerte, y una vez más dejó asombrados a sus adversarios.

Aunque el templo fuera el local sagrado del pueblo judío, muchos habían perdido la sensibilidad y el respeto hacia él. Jesús enfrentó a lo largo de la vida muchos motivos para airarse, pero exhalaba tranquilidad. Fue profundamente discriminado, pero acogió a todos; le escupieron en la cara, pero lo soportó; fue calumniado, pero buscó reconciliación; fue abofeteado, pero trató con gentileza a sus agresores; fue azotado como el peor criminal, pero retribuyó con mansedumbre.

Aquel que fue el baluarte de la paz se ofendió una sola vez; cuando le faltaron el respeto a la casa de su Padre. Pero no dirigió su ira contra los hombres, sino contra sus prácticas y hechos. Por eso, luego se calmó y no guardó disgusto ni rencor contra nadie. Aunque estuviese bajo la más grande frustración, fue capaz de mantenerse lúcido y coherente en su único momento de ira.

Aristóteles, por su parte, era un filósofo humanista, pero no vivió todo lo que predicaba. Había esclavos por toda Grecia, pero él no tuvo el valor de levantarse contra la inhumanidad de la esclavitud. Calló cuando debió haber gritado. Jesús no fue así. Muchas veces, antes de ser crucificado, corrió el riesgo de morir por haberse puesto del lado de personas discriminadas, por desear liberarlas por dentro y por fuera de sí mismas y, en esta ocasión, por hacer un aseo general del templo de su Padre. En Él se cumplió el pensamiento de Aristóteles: «Lo difícil es airarse en el momento apropiado, por el motivo correcto y en la medida adecuada».

Necesitamos aprender del Maestro de Nazaret a hacer un «aseo general» en el templo de nuestro interior. Volcar la «mesa» de los pensamientos negativos. Extirpar el «comercio» del miedo y de la inseguridad. Reciclar nuestra rigidez y evaluar la superficialidad con que reaccionamos ante los eventos de la vida.

Quien no es capaz de causar una revolución dentro de sí mismo, nunca logrará cambiar las rutas sinuosas de su vida. La mayor miseria no es aquella que habita en los bolsillos, sino en el alma.

Traicionado por el precio de un esclavo

El Getsemaní era un jardín. En un jardín comenzó el invierno de la existencia de Cristo. No había mejor sitio donde pudiera ser arrestado. Aquel que fuera el más excelente sembrador de la paz tenía que ser arrestado en un jardín, y no en la aridez del desierto. El jardinero de la sabiduría y de la tolerancia fue arrestado en el jardín del Getsemaní.

Getsemaní significa aceite. El aceite es producido cuando las aceitunas son golpeadas, machacadas y aplastadas. Allá, en el Getsemaní, aquel hombre amable y gentil comenzaría a ser golpeado y aplastado por sus

91

enemigos. Su drama seguiría durante altas horas de la noche, hasta el día siguiente y terminaría con su cuerpo en una cruz.

Por donde iba, sus discípulos siempre lo seguían. Aunque llenos de tristeza, acompañaron sus últimos pasos. Todos, excepto Judas, fueron con Jesús a aquel jardín. Judas estaba ausente, preparando el proceso de la traición.

Por treinta monedas de plata lo entregaría en el momento oportuno, lejos de la multitud y de cualquier revoltijo. Para sorpresa de todos, Cristo facilitó la traición y, consecuentemente, el propio arresto. Por un lado, su muerte sería provocada por la voluntad de los hombres, pues ellos jamás aceptarían su revolución interior y, por otro lado, era una realización de la voluntad de su Padre.

Judas anduvo con su Maestro, pero no lo conocía. Oyó sus palabras, pero no penetraron en él, pues no sabía comportarse como aprendiz. No existen las personas poco inteligentes, sino aquellas que no saben ser aprendices. Judas no necesitaba ensuciarse las manos, pues era el deseo de Jesús morir por la humanidad. Sin ninguna resistencia, se entregó en la fiesta de la Pascua.

Judas cometió una de las más graves traiciones de la historia. ¿Por cuánto fue que traicionó a su Maestro? Por treinta monedas de plata, que en la época representaba solo el precio de un esclavo. Nunca alguien tan grande fue traicionado por tan poco. El hombre que estremeció al mundo fue traicionado por el precio de un esclavo.

Tres amigos en particular

A pesar de haber sido acompañado por todos sus discípulos al Getsemaní, Jesús llamó en particular a Pedro, Santiago y Juan para revelarles no su poder, sino su dolor, el lado más angustiante de la humanidad. No les reveló a todos los discípulos su angustia, sino a tres, y en privado. Los demás, así como el mundo, conocieron el dolor de Cristo por el testimonio de esos tres amigos. Su actitud indica que había distintos grados de intimidad con los discípulos.

El comportamiento de Cristo descrito en los evangelios demuestra que amaba intensamente a todos sus discípulos. Declaraba constantemente que los amaba. En una época en que los hombres tomaban armas para defenderse, en que había esclavos por todas partes y las relaciones sociales eran marcadas por la frialdad, surgió un hombre diferente cuyos labios no se cansaban de repetir: «Que os améis unos a otros; como yo os he amado» (Juan 13.34). Muchos padres aman a sus hijos y son amados por ellos, pero no tienen una forma adecuada de demostrar ese amor. No logran dialogar francamente y ser amigos unos de los otros. Cuando uno de ellos se muere, las lágrimas que derraman demuestran que sentirán mucho la falta del otro, pero desgraciadamente son incapaces de declarar que se aman en vida. Mueren sin nunca haber dicho: «Yo te necesito», «Eres especial para mí».

Jesús declaraba su amor por las personas sin ninguna inhibición, aunque no tuviese grandes vínculos con ellas. Si aprendiéramos a elogiar a aquellos que nos rodean y a declarar nuestros sentimientos por ellos, como el poeta de Nazaret nos enseñó, tal actitud en sí ya provocaría una pequeña revolución en nuestras relaciones sociales.

Por amar igualmente a sus discípulos, el Maestro les daba a todos la misma oportunidad de que fueran sus amigos íntimos. Pero no todos se acercaron de la misma forma, ni todos ocuparon el mismo espacio. Todo indica que Pedro, Santiago y Juan eran los tres discípulos más íntimos de Jesús. Aquí haré un pequeño resumen de la personalidad de ellos. Cuando estudiemos el perfil psicológico de los amigos de Cristo en otro libro de esta colección, entraremos en más detalles acerca de la personalidad de cada uno.

Pedro se equivocaba mucho, era rápido para reaccionar y lento para pensar. Era intempestivo y casi siempre imponía sus ideas. Sin embargo, aprovechaba las oportunidades para profundizar su amistad con Cristo, siempre estaba cerca de Él. Quería hasta protegerlo, cuando en realidad era Pedro quien necesitaba protección. A pesar de los trastornos frecuentes que causaba, Pedro amaba a su Maestro y era el que tenía más disposición para agradarlo y servirlo. Jesús lo conocía profundamente, sabía de sus intenciones y por eso, en vez de airarse con él, lo corregía pacientemente y usaba cada uno de sus errores para darles preciosas lecciones a todos los demás. La paciencia era la marca registrada del Maestro. No importaba cuántas veces sus discípulos se equivocasen: Jesús nunca perdía la esperanza con ellos.

Pedro brilló en su historia porque aprendió mucho de sus propios errores. Su personalidad fue tan definida y su inteligencia tan desarrollada, que llegó a escribir dos epístolas impregnadas de gran riqueza poética y existencial, lo cual es magnífico para alguien que estaba desprovisto de cualquier cultura clásica.

Juan era considerado el discípulo amado. Tal vez era el más joven y sin duda el más afectuoso de ellos. No hay indicios de que Cristo lo amase más que a los otros, pero hay indicaciones de que Juan demostraba más su amor por el Maestro. A pesar de ser conocido como el apóstol del amor, Juan poseía una faceta agresiva y radical. Su hermano Santiago y él eran llamados «hijos del trueno» por el Maestro a causa de la impetuosidad con que reaccionaban. No se comenta mucho acerca de Santiago en las biografías de Cristo, pero por ser hermano de Juan se esperaba que estuviese cerca donde este se hallase. Así se ganó más intimidad con el Maestro.

La conclusión a la que llegamos es que los amigos más cercanos de Cristo no eran los mejores ni los más elocuentes, sino los que más aprovechaban las oportunidades para escucharlo, para penetrar en sus sentimientos y para exponer sus dudas. Actualmente, muchos quieren la perfección absoluta, pero se olvidan de las cosas más sencillas que el Maestro valoraba y que aumentaban la intimidad con Él: una relación íntima, franca, espontánea; aunque marcada por errores y dificultades.

¿Quién se equivocaba más: Judas o Pedro, Santiago o Juan? Judas tal vez fuera el más moralista y el que mejor se comportaba socialmente entre los discípulos (Juan 12.3-5). Pero su moralismo era superficial, pues estaba más preocupado por su propio bolsillo y sus intereses personales que por los demás. En las biografías de Jesús hay pocos relatos acerca del comportamiento de Judas. No aparece como los tres amigos íntimos del Maestro, compitiendo y errando. Sin embargo, escondía su verdadera cara detrás de su buen comportamiento.

¿Qué es mejor: mantener un moralismo superficial y maquillar el comportamiento o exponer los pensamientos y sentimientos, aunque fuesen inmaduros y llenos de errores? Para el Maestro, el sabio no era aquel que no se equivocaba, sino el que reconocía sus errores. Por eso le dijo a un fariseo que aquel que más erró fue el que más amó.

Pedro, Santiago y Juan, a pesar de errar mucho, conquistaron a tal punto la intimidad de su Maestro, que este les confió lo que estaba contenido en el interior de su ser. Al oírlo, ellos se quedaron sorprendidos por la dimensión de su dolor.

Vivía el arte de la autenticidad y buscaba amigos íntimos

Cristo demostró durante su vida que poseía un poder fuera de lo común. Sus palabras dejaban extasiadas a las multitudes y atónitos a sus adversarios. Cuando se llevó a sus tres discípulos al jardín del Getsemaní, les reveló una faceta que ellos nunca pensaron ver, la de la fragilidad. Todos tenemos comportamientos contradictorios. Tenemos una necesidad paranoica de que las personas conozcan nuestros éxitos y nos aplaudan, pero ocultamos nuestras miserias, no nos gusta mostrar nuestras fragilidades.

El Maestro tuvo el valor de confesar a los tres amigos íntimos aquello que estaba guardado dentro de sí. Dijo con todas las letras: «Mi alma está muy triste, hasta la muerte» (Mateo 26.38). ¿Cómo es posible que alguien tan fuerte, que sanó leprosos, ciegos y resucitó muertos, confiese que estaba envuelto en una profunda angustia? ¿Cómo es posible que alguien que no tuvo miedo de ser víctima de apedreamiento, diga ahora que su alma estaba profundamente triste, deprimida hasta la muerte?

Los discípulos, acostumbrados a la fama y al poder del Maestro, quedaron extremadamente abatidos con su dolor y su fragilidad. Nunca imaginaron que dijera esas palabras. Jesús era para ellos más que un superhombre, era alguien que tenía la naturaleza divina.

En el concepto humano, Dios no sufre, no tiene miedo, no siente dolor ni ansiedad y, mucho menos, desesperación. Dios está por encima de los sentimientos que perturban la humanidad. Aun así, surgió en Galilea alguien que declaró con todas las letras ser el propio Hijo de Dios y afirmó que tanto Él como su Padre tienen emociones, se preocupan, aman a cada ser humano en particular. El pensamiento de Jesús revolucionó el pensamiento de los judíos que adoraban a un Dios inalcanzable.

Los discípulos también tuvieron sus paradigmas religiosos rotos. No alcanzaban a entender que Aquel que consideraban el Hijo de Dios estuviese revestido de la naturaleza humana, que fuera un hombre genuino.

Los discípulos no estaban conscientes de que el Maestro sería condenado, herido y crucificado, no como el Hijo de Dios, sino como el hijo del hombre. Todo el sufrimiento que Cristo pasó fue como hombre, un hombre como cualquiera. Los azotes, las espinas y los clavos de la cruz penetraron en un cuerpo físico humano. Él sintió los dolores como cualquier ser humano que pasa por los mismos sufrimientos.

Durante años, aquellos jóvenes galileos contemplaron el mayor espectáculo de la tierra. Vivieron con un amigo que los protegió, consoló y cuidó. Anduvieron con una persona dotada de poderes sobrenaturales. Un día, una viuda de la ciudad de Naín perdió a su único hijo. Lloraba desconsolada siguiendo la marcha fúnebre. Cristo vio sus lágrimas y se compadeció profundamente del dolor y la soledad de aquella madre. Entonces, sin que ella supiera quién era Él, detuvo el cortejo, tocó el ataúd donde estaba el muerto y lo resucitó.

Las personas quedaron espantadas con lo que hizo, pues nunca habían oído hablar que alguien tuviera ese poder. Quince minutos en que el cerebro quede sin irrigación sanguínea son suficientes para provocar lesiones irreversibles, causando grandes daños a la inteligencia. El hijo de aquella mujer ya estaba muerto varias horas, cuando Jesús lo resucitó. ¿Qué poder tenía ese hombre para realizar algo tan extraordinario?

¿Estaban delirando los discípulos que registraron el milagro o realmente Jesús lo realizó? Pero eso entra en la esfera de la fe, lo cual no es el objetivo de este libro. En otro libro de esta colección, defendí una importante tesis psicológica probando que la mente jamás lograría crear un personaje con las características de la personalidad de Jesús, pues ella escapa a los límites de la previsibilidad lógica. Por lo tanto, a pesar de ser posible rechazar todo lo que Él fue y propuso, si analizamos su personalidad, nos convenceremos de que verdaderamente anduvo y respiró en esta tierra.

En el Getsemaní, Jesús tuvo actitudes inesperadas. ¿Cómo es posible que alguien que tiene un poder jamás visto en toda la historia de la humanidad tenga el coraje de decir que su alma está profundamente triste? ¿Cómo es posible que alguien que se puso al nivel del Dios eterno e infinito necesite de amigos mortales y finitos para confesar su dramática angustia? ¿Qué hombre en la historia reunió esas características totalmente opuestas en su personalidad?

Los discípulos fascinados con el poder de Cristo jamás pensaron que sufriría o necesitaría de algo. Entonces, de repente, el Maestro no solo dice que está profundamente triste, sino que le gustaría tener la compañía y la oración de ellos en aquel momento. Jesucristo vivió la plenitud del arte de la autenticidad. Los pasmados discípulos no entendieron ni soportaron su sinceridad.

Jesús no escondía sus sentimientos más íntimos, nosotros los reprimimos. Somos despiadados y nos castigamos a nosotros mismos. Es como si no pudiéramos fallar, manifestar fragilidad o equivocarnos. Algunos nunca exponen sus sentimientos. Nadie los conoce por dentro, ni el propio cónyuge, los hijos ni los amigos más íntimos. Son un pozo de misterio, aunque tengan necesidad de dividir sus emociones.

El Maestro de maestros de la escuela de la vida nos dejó el modelo vivo de una persona emocionalmente saludable. Él se entristeció a lo sumo y no tuvo miedo ni vergüenza en confesar francamente sus emociones a sus amigos. Ellos registraron en papiros esa característica de su personalidad y la expusieron al mundo.

Hasta hoy, la mayoría de las personas no entiende que tal procedimiento es característico de una persona cautivante. Solo los fuertes admiten sus fragilidades. Aquellos que se esfuerzan por mostrarse fuertes por fuera son en realidad frágiles, pues se ocultan detrás de sus defensas, de sus gestos agresivos, de su autosuficiencia, de su incapacidad de reconocer errores y dificultades.

El Maestro era poderoso, pero sabía hacerse pequeño y accesible. Se posicionaba como inmortal y parecía no conmoverse, pero al mismo tiempo le gustaba tener pocos amigos y dividir con ellos sus sentimientos más ocultos. Muchos quieren ser «dioses» o comportarse como «ángeles», pero Jesús amaba los gestos más sencillos.

Muchas personas, incluso cristianas, no tienen una vida intelectual ni emocional saludable. Sufren intensamente, pero no admiten sus sufrimientos o no logran tener amigos con quienes puedan dividir sus conflictos. A algunos les gustaría compartirlos, pero no encuentran a alguien que los escuche sin preconcepciones o prejuicios. Otros pueden suicidarse simplemente porque carecen de amigos con quienes desahogar sus dolores. Las personas que no tienen amigos íntimos que las aprecien por lo que son y no por lo que tienen, dejan de vivir una de las más ricas experiencias existenciales.

Estoy acostumbrado a reunir a mi esposa y mis tres hijas para hablar acerca de nosotros. Es enriquecedor dejarse envolver por el universo de las niñas y estimularlas a expresar lo que piensan y lo que sienten. Es placentero cuando dividimos mutuamente nuestros sentimientos y ellas se sienten seguras como para señalar algún comportamiento mío que les gustaría que yo cambiara. Algunas veces les pido disculpas por alguna reacción irritable, o porque el mucho trabajo no me permite brindarles toda la atención que se merecen.

Mi actitud aparentemente frágil es un poderoso instrumento educacional para que mis hijas aprendan a interiorizarse, a pensar en las consecuencias de sus comportamientos y a observar el mundo a través de los ojos de los demás. Aunque haya mucho que recorrer, esas reuniones hacen que nos amemos cada vez más y cultivemos una amistad mutua.

Vivimos aislados de la sociedad. Por desdicha, muchos solo tienen el coraje de hablar acerca de sí mismos cuando están delante de un terapeuta. Creo que menos del uno por ciento de las personas tienen vínculos profundos con sus amigos.

La mayoría de aquellos que llamamos amigos no conoce bien la sala de visitas de nuestras vidas, y mucho menos nuestras áreas más intimas. La gran mayoría de las parejas no construye una relación de compañerismo y amistad en sus matrimonios. Marido y mujer, aunque duermen en la misma cama y respiran el mismo aire, son dos desconocidos que piensan que se conocen bien. Padres e hijos repiten la misma historia, formando casi siempre grupos absolutamente extraños.

No sabemos penetrar en los sentimientos más profundos de los demás. Siempre oriento a sicólogos y educadores a que nunca dejen de hablar acerca de las ideas más áridas que rondan las vidas de las personas, así como aquellas vinculadas al suicidio. Aparentemente, no es fácil hablar sobre ese tema, pero es importante compartir los sentimientos; eso trae gran alivio. Un diálogo franco puede prevenir un suicidio y ayudar a planear algunas estrategias terapéuticas.

Cierto día, después de dictar una conferencia acerca del funcionamiento de la mente y algunas enfermedades síquicas, una coordinadora educacional me dijo, con lágrimas en los ojos, que si hubiera escuchado anteriormente la conferencia, habría evitado el suicidio de una alumna. La joven quería conversar con ella, pero la coordinadora no se dio cuenta de su grado de depresión y postergó el diálogo hasta el día siguiente. No hubo más tiempo; la joven se mató.

Necesitamos aprender a penetrar en el mundo de las personas. El arte de oír debería ser parte de nuestra vida rutinaria; sin embargo poco lo desarrollamos. Somos excelentes para juzgar y apuntar con el dedo la falla de los demás, pero pésimos para oírlos y acogerlos. Para desarrollar el arte de oír es necesario tener sensibilidad, es necesario percibir aquello que las palabras no dicen, es necesario escuchar el silencio.

El Maestro de Nazaret sabía tanto oír como hablar de sí mismo. Al exponer su dolor, estaba entrenando a sus discípulos a ser sinceros y auténticos unos con los otros, a dividir sus angustias, a aprender el arte de acoger las palabras ajenas. Por amar a aquellos jóvenes galileos, a Él no le importó usar su propio dolor como instrumento pedagógico para conducirlos a que interiorizaran y forjaran una vida saludable y sin fingimientos.

Cristo no buscaba heroísmo

Cualquier persona que quisiera establecer una religión o ser un héroe, ocultaría los sentimientos que Cristo expresó en el jardín del Getsemaní. Eso demuestra que en realidad Él no quería fundar una nueva religión que compitiera con las demás. Sus objetivos eran superiores. Como dije, deseaba redimir al ser humano e introducirlo en la eternidad. No buscaba heroísmo, sino cumplir la misión a la cual había sido asignado, cumplir su proyecto trascendental.

El momento crucial de ese proyecto llegó: tomar su copa, pasar por su martirio. En aquel jardín oscuro, Jesús necesitaba prepararse para soportar esa tormenta. En el proceso de preparación, Él revela su dolor e inicia su diálogo con el Padre. Solamente ahí sus amigos comenzaron a percibir que su muerte estaba más cerca de lo que se imaginaban.

Algunos por analizar superficialmente los pensamientos y las reacciones de Cristo en la noche en que fue arrestado, ven allí fragilidad y retroceso. Yo veo la más bella poesía de libertad, resignación y autenticidad. Él tenía libertad para ocultar sus sentimientos, pero no lo hizo. Nunca alguien tan grande fue tan auténtico.

De ahora en adelante analizaré paso a paso todas las fases de los sufrimientos que vivió Cristo hasta su muerte clínica. En el próximo capítulo estudiaremos el dolor provocado por sus discípulos, y en el capítulo posterior analizaré el estado de tristeza que vivió Cristo y su sorprendente petición al Padre para que alejara la copa.

7 | El dolor provocado por sus amigos

No fue confortado por sus amigos

La copa de Cristo está formada por las decenas de sufrimientos que se iniciaron en el jardín del Getsemaní y siguieron hasta el Gólgota, lugar de la crucifixión. En este libro estudiaremos los dolores sufridos en el Getsemaní, hasta la negación de Pedro. En otro de esta misma colección, analizaremos todas las etapas de su juicio y su crucifixión.

¿Cuál fue la primera forma de sufrimiento que Cristo experimentó? Fue aquella causada por sus tres amigos. El dolor más agudo tiene su origen en los hechos de las personas que más amamos. En lo máximo de su dolor, el Maestro pidió el consuelo y la compañía de Pedro, Juan y Santiago, pero ellos no lograron atender a su pedido. Él no solo había dicho: «Mi alma está muy triste, hasta la muerte», también añadió: «Quedaos aquí, y velad conmigo» (Mateo 26.38).

Nunca esperaron que declarase que estaba triste, ni jamás pensaron que un día el Maestro, tan fuerte e inconmovible, necesitaría de compañía.

Veamos el impacto que produjeron en los discípulos la declaración y la petición de Aquel que vivió el arte de la autenticidad.

Al oír tales palabras y observar el semblante angustiado del Maestro, aquellos galileos quedaron profundamente estresados y, consecuentemente, entraron en un estado de somnolencia. El estrés intenso le roba al cerebro una energía que es usada en otros órganos del cuerpo, como los músculos. El resultado de ese robo de energía es un cansancio físico exagerado e inexplicable. Gran parte de las personas ansiosas, deprimidas o que ejecutan trabajo intelectual intenso presentan esos síntomas. Por estresarse mucho al pensar, están siempre robándole energía al cerebro, lo que las deja constantemente fatigadas, sin saber el motivo. Aunque no hagan ejercicio físico, están sin energía. Cuando la fatiga es intensa, provoca una somnolencia como recurso de defensa del cerebro, pues al dormir reponemos la energía biosíquica.

Lucas, autor del tercer evangelio, era un excelente médico. Su característica fundamental era ser detallista. De origen probablemente griego, debe haber heredado la capacidad de observación del padre de la medicina, Hipócrates. Tal vez haya sido uno de los primeros médicos que entendió la relación entre la mente y el cuerpo. Lucas dijo: «los halló durmiendo a causa de la tristeza» (Lucas 22.45).

Deduje que el sueño de los discípulos estaba vinculado a un estado de ansiedad y tristeza. Observó que aquel sueño no era fisiológico, natural, sino consecuencia del hecho de no soportar el dolor del Maestro, de no aceptar la separación. Con esa conclusión, Lucas inauguró la medicina psicosomática, pues muchos siglos antes ya se sabía de las manifestaciones de la psique ansiosa en el soma (cuerpo), ya se conocían algunas consecuencias del estrés. El sueño de los discípulos era una gran defensa inconsciente. Una defensa que evitaba asistir a la agonía del Maestro y, al mismo tiempo, buscaba reponer la energía cerebral consumida excesivamente por el proceso de hiperaceleración de pensamiento y del estrés.

Pedro, Santiago y Juan eran hombres fuertes acostumbrados a pasar la noche en el mar. Difícilmente algo los abatía. No obstante, Jesús cruzó sus historias y les hizo ver la vida desde otra perspectiva. El mundo pasó a tener una nueva dimensión. El Maestro de Nazaret les había enseñado el arte de amar y hablado ampliamente sobre un reino donde no habría más muerte, dolor ni tristeza. Pero cuando dijo que su alma estaba profundamente angustiada, una avalancha de ideas negativas cayó en la mente de los discípulos. Parecía que el sueño había terminado. Los ojos de ellos se pusieron «pesados», cayeron en un sueño incontrolable.

Después de haber dicho esas palabras, Jesús se alejó algunas decenas de metros de sus amigos para estar solo. Quería interiorizarse, orar y meditar acerca del drama por el cual pasaría. Después de la primera hora de oración, vino a ver a los suyos, pero los encontró durmiendo. A pesar de estar frustrado, no fue intolerante con ellos. Los despertó cortésmente. Es difícil entender tanta gentileza ante tanta frustración. Debió haberse irritado con ellos y censurado su fragilidad, pero fue amable. Quizás ni quería despertarlos, pero necesitaba entrenarlos para enfrentar las dificultades de la vida, quería hacerlos fuertes para lidiar con los dolores de la existencia.

Muchos de nosotros somos intolerantes cuando las personas nos frustran. No admitimos sus errores, no aceptamos sus dificultades, ni la lentitud para aprender determinadas lecciones. Agotamos nuestra paciencia cuando el comportamiento de los demás no corresponde a nuestras expectativas. El Maestro era diferente, nunca se desanimaba delante de sus amados discípulos, nunca perdía la esperanza en ellos, aunque lo decepcionasen intensamente. Del Maestro de la escuela de la vida aprendemos que la madurez de una persona no se mide por la cultura o elocuencia que posea, sino por la esperanza y la paciencia que irradie, por la capacidad de estimular a las personas a usar sus errores como ladrillos de sabiduría.

Al despertarlos, Jesús le preguntó a Pedro; «¿Así que no habéis podido velar conmigo una hora?» (Mateo 26.40) Es como si quisiera transmitirle a su osado discípulo: «Me dijiste hace unas horas que si era necesario, hasta morirías por mí. Sin embargo solo te pedí que estuvieras junto conmigo en mi dolor, ¿y no pudiste hacerlo ni por una hora?» Ese comentario pudo haber provocado en Pedro este pensamiento: *Una vez más decepcioné al Maestro, y nuevamente fue gentil conmigo. Yo merecía ser reprendido seriamente, pero solo me hizo reflexionar en mis limitaciones...* Después de eso, Cristo regresó al viaje que estaba haciendo hacia su propio interior. Fue a orar otra vez.

El sueño que arremetió contra los discípulos fue la primera frustración de Cristo. Él se había entregado mucho a ellos, sin nunca haber pedido nada para sí. La primera vez que les pidió algo, se quedaron dormidos. No pidió mucho, solo que estuviesen junto a Él en su dolor. Por lo tanto, en el momento cuando más necesitaba de sus amigos, ellos quedaron fuera de la escena. El único momento en que esperaba que fueran fuertes, ellos fueron vencidos por el estrés.

En la segunda hora, Jesús se dirigió nuevamente a sus discípulos y los encontró otra vez durmiendo. Pero ahora ya no les dijo nada, solo los dejó que siguieran con su sueño. Solitario, fue en busca del Padre. En la tercera hora, algo sucedió. Llegó el momento de ser arrestado.

Golpeado por la traición de Judas

La noche cuando lo arrestaron fue la más angustiante de la vida del Maestro. Fue la noche en la cual uno de sus amados discípulos lo traicionó. Era una noche densa, Jesús estaba orando y esperaba el momento de ser arrestado. De repente, presintiendo que la hora había llegado, despertó definitivamente a los amigos y les dijo: «Levantaos, vamos; ved, se acerca el que me entrega» (Mateo 26.46).

Si el lector analiza detenidamente esta frase, verá que contiene un sabor amargo. No dijo: «Una escolta de soldados se acerca», sino «se acerca el que me entrega». ¿Por qué no les dijo a los somnolientos discípulos que venía la escolta de soldados, ya que estaban cumpliendo órdenes del Sanedrín? Porque aunque la escolta viniese con armas y lo arrestase con violencia, el dolor que estaba sintiendo por la traición de Judas era más grande que el causado por la agresividad de centenas de soldados.

El dolor provocado por Judas Iscariote hería su alma, el que le infligieron los soldados del Sanedrín hería su cuerpo. Pero no se hundió en un mar de frustraciones porque protegía sus emociones y no esperaba mucho de las personas a las cuales se entregaba. Por eso, luego recobraba el ánimo. No es la cantidad de estímulos estresantes lo que nos hace sufrir, sino la calidad de ellos. El dolor de la traición es indescriptible.

El Maestro siempre trató a Judas con amabilidad. Nunca lo expuso públicamente. Nunca lo despreció ni lo humilló delante de los otros discípulos, aunque supiera de sus intenciones. Si estuviéramos en la posición de Jesús y supiéramos que Judas nos traicionaría, lo hubiéramos delatado y expulsado del grupo de los discípulos. Jamás sería parte de la historia de nuestra vida, pues ¿quién consigue convivir con un traidor?

Cristo lo consiguió. Sabía que había un traidor en medio de los discípulos, pero lo trató con dignidad y nunca lo excluyó. Su actitud es inconcebible. Ni Él mismo impidió la traición de Judas, solo lo llevó a reconsiderar su actitud. ¿Qué estructura emocional se ocultaba dentro de ese Maestro de Galilea para que soportara lo insoportable? Muchas ONG (organizaciones no gubernamentales) luchan por extinguir los crímenes contra la conciencia y preservar los derechos humanos, pero Jesús fue mucho más allá. No solo acogió a los leprosos, cuidó de las prostitutas y respetó a los que se le oponían, sino que también llegó al colmo al tratar con afecto a su propio traidor.

No son pocas las personas que excluyen de sus vidas a determinados parientes, amigos y hasta hijos al sentirse agredidos por sus comportamientos. O toleran a las personas que las ofenden o las contrarían. Pero el Maestro de Nazaret era diferente, Él fue en verdad el Maestro de la tolerancia y la solidaridad. No se dejaba dominar por las contrariedades. Filtraba las ofensas y los hechos agresivos dirigidos hacia Él, y eso lo hacía libre en el área de la emoción. De esa manera, podía amar a las personas, lo cual no era un sacrificio para Él, sino un ejercicio placentero.

Muchos no poseen un colador emocional. Para ellos, vivir en sociedad es un problema, les parece imposible evitar las contrariedades y las diferencias interpersonales, están siempre angustiados. No logran amar a los demás ni a sí mismos. Hacen de sus emociones una cesta de basura.

Es menos traumático vivir con mil animales que con un ser humano. No obstante, a pesar de que la convivencia social sea una fuente de estrés, no podemos vivir aislados, pues no soportamos la soledad. Nunca hubo tantas separaciones de parejas como en la actualidad. Entre tanto, ni por eso las personas se dejan de unir, de casar. Por tener un excelente filtro emocional, el Maestro de Nazaret sentía placer en convivir con las personas, aunque lo decepcionasen con frecuencia. Amaba al ser humano independientemente de sus errores y de su historia.

Los administradores públicos al asumir su cargo suelen pedir mediante palabras o conductas: «Olvídense de lo que dije». En algunas situaciones, hasta es posible que el gobierno no sea compatible con el discurso de las ideas. Con el Maestro no era así. Si hubo una persona que pronunció un discurso en armonía con su práctica, fue Jesucristo. Él

108

dijo: «Amad a vuestros enemigos», y los amó hasta el fin. Por eso tuvo ese desprendimiento de llamar amigo a su traidor en el momento de la traición.

El primer compromiso de Jesús era con su conciencia, no con el ambiente social. No distorsionaba sus pensamientos ni buscaba dar respuestas para agradar a las personas que lo rodeaban. Por ser fiel a sí mismo, casi siempre se involucraba en enredos y ponía su vida en gran peligro. Consideraba la fidelidad a su conciencia más importante que cualquier tipo de acuerdo o comportamiento disimulado.

Aquel que fue fiel a su conciencia y que enseñó a sus discípulos a caminar humildemente por el mismo camino, recibió un golpe por la espalda. Judas no aprendió la lección, fue infiel a su conciencia. La traición fue el segundo sufrimiento por el cual Cristo pasó. Su copa no comenzó en la cruz, sino en el jardín del Getsemaní.

Todos lo abandonan

Ahora llegamos al tercer sufrimiento vivido por Cristo. Después de que Judas lo traicionó con un beso, fue arrestado y todos sus discípulos lo abandonaron. Él anticipó ese episodio. Había dicho: «Heriré al pastor, y las ovejas serán dispersadas» (Marcos 14.27).

Imagine las largas caminatas que Jesús hizo con sus discípulos. Cuántas veces subieron juntos al Monte de los Olivos o entraron a un barco a la orilla del mar para oírlo enseñar a las multitudes con palabras elocuentes. Cuántas veces impulsados por la fama de Jesús, los discípulos discutieron entre ellos quién sería el mayor a la venida de su reino, pensando que se trataba de un imperio terrenal. Ante tanta gloria disfrutada por el carpintero de Nazaret, solamente se esperaba una reacción de sus seguidores: «Jamás te abandonaremos». Tal como lo afirmó

Pedro con convicción: «Aunque me sea necesario morir contigo, no te negaré» (Mateo 26.35).

Es fácil apoyar a alguien fuerte. Es fácil creer en alguien que está en la cumbre de la fama. Pero la fama es una de las trampas más seductoras de la modernidad. Muchos se fascinan con los elogios, pero con el paso del tiempo terminan con la soledad siendo su más íntima y amarga compañera. Necesitan tener siempre a alguien a su lado, pues no saben convivir consigo mismos.

Cristo sabía que un día todos los discípulos lo abandonarían, que en el momento en que dejase de usar su poder y fuera tratado como un criminal, ellos se alejarían. Realmente, en ese último momento nadie tuvo el suficiente coraje para permanecer a su lado.

Todos aquellos jóvenes galileos que aparentemente eran tan fuertes, se mostraron frágiles. Fueron vencidos por el miedo; pero el Maestro no desistió. Tenía planes para ellos, por eso su desafío y su objetivo fundamental no era castigarlos cuando se equivocaban, sino conducirlos a un viaje al interior de sí mismos y transformarlos por dentro.

Jesús no caminaba tan solo para observar lo correcto y lo erróneo, pues comprendía que la existencia del ser humano era muy compleja para ser escudriñada por leyes y reglas de comportamiento. Vino no solo para cumplir la ley de Moisés, sino para sumergir al ser humano en la flexible ley de la vida. Dijo a los hombres de Israel: «Oísteis que fue dicho a los antiguos: No matarás... Pero yo os digo que cualquiera que se enoje contra su hermano, será culpable de juicio» (Mateo 5.21-22). También dijo muchas cosas relacionadas con los cambios interiores, como: «No sepa tu mano izquierda lo que hace tu derecha» (Mateo 6.3). Quería eliminar los disfraces sociales. Deseaba que las actitudes asumidas en secreto fueran recompensadas por Dios, que ve en lo oculto, y no por las criaturas.

Moisés vino con el objetivo de corregir las rutas exteriores del comportamiento, pero Cristo vino con el objetivo de corregir el mapa del corazón, el mundo de los pensamientos y de las emociones. Para producir una profunda revolución en el alma y el espíritu humano. A pesar del rechazo de los discípulos, esa revolución seguía ocurriendo dentro de ellos. La semilla del amor y de la sabiduría estaba siendo cultivada en aquellos galileos, aunque sus hechos no lo demostrasen y nadie lo pudiese percibir.

Pedro niega a Jesús

Ahora llegamos al cuarto y último sufrimiento causado por los amigos de Jesús. Pedro, el más valiente de los discípulos, lo negó tres veces. Veamos:

Pedro había declarado que, si era necesario, moriría con Él. Sin embargo, Jesús sabía que la estructura emocional de su discípulo, así como la de cualquier persona bajo riesgo de muerte, es fluctuante e inestable. Comprendía las limitaciones humanas.

Pedro tenía una personalidad fuerte. Era el más osado de los discípulos. Pero su audacia no se apoyaba solamente en su propia personalidad, sino también en la fuerza de su Maestro. Ese pescador vio y oyó cosas inimaginables, cosas que jamás soñó presenciar. Pedro no era solo un pescador, era líder de los pescadores. Hacía lo que le venía a la cabeza. Era fuerte para amar y rápido para errar.

Jesús fue un gran acontecimiento en su vida. Pedro dejó todo para seguirlo. Pagó un precio más alto que los otros discípulos, pues era casado y tenía responsabilidades hogareñas; pero no dudó. Al conocer a Jesús, cambió de dirección, reconsideró su individualismo y comenzó a recitar la intrigante poesía del amor que escuchaba. Pedro, en efecto, entregó su vida al proyecto del Maestro.

El carácter de Pedro se distinguía de los demás. Él expresaba claramente sus pensamientos, aunque trastornaran a los que lo rodeaban. Al ver el poder de Jesús, al constatar que el miedo no era parte del diccionario de su vida, y que era capaz de exponer sus ideas hasta en el territorio de sus enemigos, su carácter, que ya era fuerte, creció más aun. Cuando Cristo calmó la tempestad, Pedro tal vez pensó: *Si hasta el viento y el mar le obedecen, ¿quién puede detener a ese hombre? Es invencible. Por lo tanto, si fuera necesario, enfrentaré a sus enemigos junto con él y de manera directa, pues ciertamente algún milagro hará para librarnos del dolor y de la muerte* (Mateo 8.27).

Como dije, es fácil ser fuerte cerca de una persona fuerte, es fácil entregarse a alguien que no está necesitado, pero es difícil estar al lado de una persona frágil. En el momento en que Cristo se despojó de su fuerza y se hizo simplemente el hijo del hombre, el fuerte Pedro desapareció. En el momento que Cristo manifestó sin disfraces su angustia nadie se ofreció, ni el propio Pedro, para estar a su lado.

En la Última Cena, Cristo comentó que mientras estuviera presente, los discípulos estaban protegidos y, por lo tanto, no necesitaban de «bolso» ni «espada». Pero, después de su arresto, necesitarían de esos elementos. Cristo no se refería al bolso ni a la espada física, pues Él era la propia bandera de la antiviolencia.

Quería decir que, después de ser arrestado y muerto, los discípulos deberían cuidar más de sí mismos, pues tendrían que enfrentar las turbulencias de la vida, incluso las persecuciones que tiempos después sufrirían. Como aún no lograban entender el lenguaje del Maestro, le dijeron: «Señor, aquí hay dos espadas» (Lucas 22.38). Cristo una vez más toleró la ignorancia de ellos, y los calló contestando: «Basta».

Cuando Pedro vio el semblante triste, la respiración cansada y el cuerpo sudado de Jesús la noche en que fue arrestado, se abatió

112

profundamente. Por primera vez, su confianza se evaporaba. Tal vez se haya preguntado: «¿Será que todo lo que viví fue una ilusión, un sueño que se transformó en pesadilla?» Pedro anduvo más de mil días con su Maestro y nunca había visto una señal de fragilidad en Él.

Contrariamente a lo que muchos piensan, no fue en el patio del Sanedrín donde Pedro comenzó a negar a Jesús, sino en el oscuro jardín del Getsemaní. Sin embargo, creo que si estuviéramos en su lugar quedaríamos igualmente perturbados y tal vez negaríamos al Maestro si se reprodujeran las mismas condiciones.

Al oír las palabras de Jesús y ver su semblante sufrido, Pedro se estresó intensamente. Al principio durmió y lo dejó solo con su dolor. Pero cuando lo despertó el arresto del Maestro, decidió rescatarlo. Angustiado, fatigado y escondiéndose, se dirigió al patio del Sanedrín. Al llegar, quedó aterrado ante los golpes que el Maestro sufría. Nunca nadie le había tocado un dedo, pero ahora los hombres aporreaban su cuerpo, abofeteaban su cara y escupían su rostro. ¡Qué terrible escena observó Pedro! Aquel espectáculo cruel sacudió las raíces de su ser, perturbó su capacidad de pensar y decidir. Interrogado por humildes siervos, afirmó con insistencia: «Mujer, no lo conozco» (Lucas 22.57).

Jesús sabía que su amado discípulo estaba presenciando su martirio. Sabía que mientras sus opositores lo estaban hiriendo sin piedad, Pedro lo estaba negando. En mi análisis, he intentado comprender cuáles fueron las heridas que más lo hirieron: las hechas por los hombres en el Sanedrín o la producida por su amigo Pedro. Una le causaba hematomas en el cuerpo, la otra le golpeaba la emoción.

Creo que la actitud de Pedro, avergonzándose del Maestro y negando todo lo que vio y vivió con Él, abrió en aquel momento una valla más profunda en el alma de Jesús que la causada por los soldados. No obstante, Cristo amaba intensamente a Pedro y conocía lo íntimo de su ser.

El amor del Maestro de Nazaret por sus discípulos es la más bella e ilógica poesía existencial vivida por un hombre. Pedro podría excluirlo de su historia, pero Jesús jamás lo abandonaría, pues lo consideraba irreemplazable. Nunca alguien amó y se dedicó tanto a las personas que lo frustraron y le dieron tan poco a cambio.

Cuatro objetivos al prever los errores de los discípulos

Siempre que Cristo preveía un acontecimiento frustrante relacionado con sus discípulos, tenía por lo menos cuatro grandes objetivos. Veamos.

Primero, aliviar el propio dolor. Al prever anticipadamente la frustración, adquiría defensas emocionales para protegerse cuando ella ocurriese. Él no se sorprendió cuando lo abandonaron los discípulos. Él amaba y se entregaba a los seres humanos, pero no esperaba mucho de ellos. Nada protege más la emoción que disminuir la expectativa que tenemos en relación a las personas que nos rodean. Cuando esperamos demasiado de ellas tenemos grandes posibilidades de decepcionarnos.

Ver a todos sus discípulos avergonzados y huyendo con miedo como niños frágiles era una escena difícil de soportar. Con todo, por el hecho de haber previsto el comportamiento de ellos, Cristo ya se había preparado para aceptar el abandono y la soledad. ¿Cómo sabía que los discípulos lo abandonarían? Independientemente de la condición sobrenatural que le permitía prever hechos, Cristo era alguien que lograba comprender las reacciones más ocultas en lo íntimo de la inteligencia. Por eso sabía que sus discípulos serían vencidos por el miedo y no conseguirían gobernar sus propios pensamientos y emociones en los momentos de estrés.

El segundo objetivo de Jesús era no desanimar a sus discípulos, sino prepararlos para que siguieran sus historias. Al prever que Pedro lo negaría y que los discípulos lo abandonarían, el Maestro quería mostrar que no exigía nada de ellos. Aunque tenía derecho, pues les enseñó por tres años y medio lecciones poco comunes, no lo hizo. Por ser el Maestro de maestros de la escuela de la vida, sabía que superar el miedo, vencer la ansiedad y aliviar los dolores de la existencia eran las lecciones más difíciles de la vida.

El período en que convivió con sus discípulos era insuficiente para que hubieran aprendido tales lecciones. Por eso el Maestro tenía esperanza de que la semilla que había plantado dentro de ellos germinase y se desarrollase durante el trayecto de sus vidas.

En tercer lugar, Jesús quería mostrarles a sus amigos que no se conocían a sí mismos y que necesitaban madurar. Pedro afirmó categóricamente que jamás lo abandonaría, y todos los discípulos también hicieron un pacto de amor. Cristo era profundamente sabio, pues estaba consciente de que la declaración de ellos era incompatible con la práctica. Sabía que el comportamiento humano cambia ante los estímulos estresantes. En algunos casos, cubrimos la inteligencia de tal forma que paralizamos la capacidad de pensar, lo cual nos deja la memoria en «blanco».

En diversos textos de los evangelios, el Maestro da a entender que conocía íntimamente la dinámica de la inteligencia. Sabía que cuando uno se siente amenazado, la lectura de la memoria disminuye y las reacciones delatan las intenciones. Es más, nos encanta la serenidad cuando estamos tranquilos, pero cuando estamos angustiados, vivimos una cárcel emocional. Tenemos grandes dificultades para organizar los pensamientos y reaccionar con lucidez y seguridad.

El Maestro usó el propio dolor que los discípulos le causarían para conducirlos a un examen interior y llevarlos a comprender mejor la vida. ¿Qué otro maestro se sacrificó tanto para enseñar a sus discípulos? Él los amaba intensamente. Nunca los abandonaría, aunque ellos lo abandonasen.

Finalmente, Jesús quería prepararlos para que no desistiesen de sí mismos, a pesar de sus errores. Deseaba que no se hundiesen en los sentimientos de culpa y en el desánimo. Sabía que se pondrían angustiados cuando se diesen cuenta de que lo habían rechazado. Al prever el comportamiento de todos (abandono), de Judas (traición) y de Pedro (negación), quería sobre todo protegerlos, educarlos y darles condiciones para que retomasen el camino de regreso.

Por desdicha, Judas no regresó. Desarrolló un profundo sentimiento de culpa y una reacción depresiva intensa que lo llevaron al suicidio. Pedro quedó extremadamente angustiado, pero regresó, aunque en medio de lágrimas. Por increíble que parezca, Jesús era una persona tan profunda y preocupada por sus amigos íntimos, que cuidaba hasta del sentimiento de culpa de ellos antes que surgiese. No creo que haya habido un hombre con preocupaciones tan lúcidas y refinadas como el Maestro de Galilea.

Los educadores, los padres e incluso los ejecutivos de las empresas se preocupan por corregir los errores inmediatos, rehacer las rutas del comportamiento. Jesús, al contrario, se preocupó por conducir a sus discípulos a que desarrollasen el arte de pensar, aunque fuera a expensas de los más horribles errores. Aunque se sintieran culpables, ya había preparado el remedio para aliviarlos.

8 | Una copa insoportable: Los síntomas previos

La ansiedad vital y la ansiedad enfermiza

En este capítulo estudiaremos con más detalles el estado emocional de Jesús y la intensa tristeza que vivió en el Getsemaní. Él declaró, sin medias palabras, que estaba profundamente deprimido. ¿Sería una enfermedad depresiva o un estado depresivo momentáneo? ¿Cuál es la diferencia entre las dos situaciones? ¿Cuáles eran las características fundamentales de su estado emocional? ¿Era el Maestro propenso a la depresión? Antes de evaluar todas esas importantes cuestiones que seguramente serán un espejo para comprender algunos aspectos de nuestro propio terreno emocional, me gustaría comentar sobre la ansiedad que vivió Jesús en aquel momento.

Muchos, incluso algunos psiquiatras y sicólogos, piensan que toda ansiedad es enfermiza. Pero existe una ansiedad vital, normal, que anima la inteligencia y que está presente en la construcción de los pensamientos, en la búsqueda del placer, en la realización de proyectos. La ansiedad vital estimula la creatividad. Como ya dije, hasta Jesús comentó: «¡Cuánto he deseado comer con vosotros esta pascua!» (Lucas 22.15) Era una ansiedad normal. Fruto de una expectativa de ver cumplido el deseo de su corazón.

La ansiedad solo se vuelve patológica o enfermiza cuando perjudica al desempeño intelectual e impide la libertad emocional. Las características más fuertes de la ansiedad son: inestabilidad emocional, irritabilidad, hiperaceleración de los pensamientos, dificultad en controlar el estrés, disminución de la concentración, disminución de la memoria y surgimiento de síntomas psicosomáticos. Hay muchas formas de trastornos ansiosos, como el síndrome del pánico, los trastornos obsesivos compulsivos, la ansiedad generalizada, el estrés postraumático, las fobias y otros.

En el primer libro de esta colección comenté que el Maestro de Nazaret era tan sabio que no deseó que sus discípulos fueran libres de toda clase de ansiedad. Pidió sí, que no anduvieran siempre ansiosos. Entre las causas fundamentales de la ansiedad enfermiza que destacó, están los problemas existenciales y la actitud de girar alrededor de los pensamientos anticipatorios.

El Maestro quería que sus discípulos valorasen las cosas que el dinero no compra: la tranquilidad, la solidaridad, el amor mutuo, la lucidez, la coherencia, la unidad. Anhelaba que conquistaran más el «ser» que el «tener» y aprendiesen a enfrentar los problemas reales diarios, y no los imaginarios creados en el escenario de la mente.

El Maestro de maestros de la escuela de la vida, muchos siglos antes de nacer la psicología, ya vacunaba a sus discípulos contra la ansiedad enfermiza, patológica. Lamentablemente, hasta hoy la psicología aún no sabe cómo producir una vacuna eficaz contra los trastornos ansiosos y depresivos. La drogadicción, la violencia, la discriminación y los síntomas psicosomáticos, tan abundantes en las sociedades modernas, son testigos innegables de que las ciencias que tienen como objetivo ayudar a la personalidad humana, principalmente la psicología y la educación, aún son ineficaces para desarrollar sus funciones más nobles.

Una «vacuna» psicosocial preventiva pasa por la producción de un ser humano seguro, estable, que sabe interiorizarse, reevaluarse y que gobierna bien sus pensamientos y emociones ante las turbulencias de la vida. La psicología despreció a Cristo. Lo consideró distante de cualquier análisis. Con todo, creo que el análisis de su inteligencia podrá contribuir significativamente a la producción de esa vacuna.

Los jóvenes salen de los colegios y las universidades con certificados técnicos y títulos académicos, sabiendo cómo actuar en el mundo físico, pero sin saberlo hacer en su mundo interior, ignorando cómo se pueden volver agentes modificadores de su historia emocional, intelectual o social.

Los discípulos de Cristo no tenían un perfil psicológico y cultural recomendable. ¿Sería posible transformar hombres rudos, agresivos, sin cultura, que aman estar por encima de los demás, que no saben trabajar en equipo, en verdaderos vencedores, capaces de brillar en las áreas más ricas de la inteligencia y del espíritu humano?

Aparentemente Jesús fue derrotado, pues sus discípulos íntimos le causaron sus primeras cuatro frustraciones. Pero será placentero un día publicar la trayectoria de vida de los discípulos antes y después de la muerte de su Maestro. Hace dos mil años el Maestro de Galilea ya practicaba la más bella y eficiente terapia y educación preventiva.

La ansiedad como enfermedad y como síntoma de depresión

La ansiedad puede ser una enfermedad aislada o un síntoma de otras molestias síquicas, como los trastornos depresivos. Incluso, la ansiedad es uno de los principales síntomas de la depresión.

Las personas ansiosas casi siempre presentan distintos grados de hipersensibilidad emocional. Por ser hipersensibles, cualquier problema o contrariedad provoca un impacto estresante importante, produciendo un humor inestable y fluctuante. En un momento están tranquilas y en otro se muestran irritables, impulsivas e impacientes.

A pesar de haber alcanzado el máximo de la ansiedad en el Getsemaní, el Maestro de Nazaret no tuvo como síntomas de depresión la irritabilidad, la hipersensibilidad ni la inestabilidad emocional. Solo experimentó un estado intenso de estrés asociado con síntomas psicosomáticos. Aun lograba administrar sus emociones y gobernar sus pensamientos, lo cual explica la gentileza y amabilidad expresadas en el momento en que Judas lo traicionó y cuando los discípulos lo frustraron.

Aun al más alto grado de angustia, brillaba en su humanidad. Abatido, cuidaba de las personas y era afectuoso con ellas. Nunca desquitó su estrés con los que lo rodeaban. Nunca hizo de ellos el depósito de su dolor.

¿Somos igual al Maestro? Cuando estamos ansiosos, cualquier problema es gigante. Quedamos irritados e inestables. Nuestra gentileza se desmenuza, nuestra lucidez se evapora y agredimos fácilmente a las personas que nos rodean. Algunos, desgraciadamente, hacen de sus amigos íntimos un depósito de su ansiedad. Descargan sobre ellos su basura emocional. Practican una violencia no prevista en los códigos penales, pero que hiere el centro del alma, el derecho esencial del placer de vivir.

La construcción de pensamientos de Jesús, el hombre, estaba hiperacelerada en esa noche que antecedió a su muerte, pues no dejaba de pensar en todo lo que iba a vivir con su copa. Pero no perdió el control de la inteligencia, no se ahogó en la inestabilidad emocional ni en la irritabilidad.

Lucas describe que la ansiedad del Maestro era tan intensa que produjo importantes síntomas psicosomáticos. Seguramente su corazón latía más rápido y su frecuencia respiratoria debió haber aumentado. Mientras oraba, sus poros se abrieron y el sudor se escurría por su cuerpo mojando la tierra a sus pies.

Los síntomas del síndrome del pánico y los de la ansiedad del Maestro

¿Tuvo Cristo una crisis de pánico en el jardín de Getsemaní? Voy a hacer un breve comentario acerca del síndrome del pánico y analizar las reacciones emocionales y psicosomáticas que tuvo aquella noche insidiosa.

El síndrome del pánico es la enfermedad ansiosa que más sufrimientos produce en la psiquiatría. Ataca a personas de todos los niveles sociales. El perfil psicológico de los que tienen tendencia a desarrollar el síndrome del pánico se caracteriza por hipersensibilidad emocional, preocupaciones excesivas por el propio cuerpo, supervaloración de enfermedades, exceso de introspección, dificultad en lidiar con dolores y frustraciones, hiperproducción de pensamientos anticipatorios. El síndrome del pánico es capaz de atacar a las mejores personas de la sociedad.

Cristo no tenía un perfil psicológico caracterizado por preocupaciones exageradas de enfermedades o de su cuerpo, no vivía en función de pensamientos anticipatorios, ni era hipersensible. Como veremos al final de este libro, logró combinar dos características casi irreconciliables de la personalidad: la seguridad y la sensibilidad emocional.

El síndrome del pánico es clasificado como una enfermedad relacionada al grupo de las ansiedades. Es el teatro de la muerte. Se caracteriza por un miedo repentino y dramático provocado por la sensación de que uno se va a morir o desmayar. Ese miedo produce intensa reacción ansiosa acompañada de síntomas psicosomáticos como la taquicardia, el aumento de la frecuencia respiratoria, el sudor. Es frecuente la sensación de inminencia de un infarto, lo que lleva a los portadores de ese síndrome a ir de cardiólogo en cardiólogo buscando convencerse de que no se van a morir.

Imagínese si en este momento el lector creyera con convicción que moriría después de terminar de leer esta página. No lograría terminar la lectura. Un torbellino de ideas encadenadas al fin de la existencia, a la soledad fatal, a la pérdida de los amigos íntimos pasaría por su mente. Además de eso, el pavor de la muerte provocaría una avalancha de estímulos en el cerebro, generando diversos síntomas psicosomáticos, preparándolo para huir. Eso es lo que ocurre en la mente de las personas que sufren ataques de pánico.

Nadie se muere por tener el síndrome del pánico, pero el sufrimiento es mucho más grande que el de las personas que realmente sufren infartos o están bajo real riesgo de morir.

No estoy de acuerdo con la opinión de muchos neurólogos que defienden en teoría que el síndrome del pánico es provocado solo por el detonante de los neurotransmisores, como por ejemplo la alteración de los niveles de serotonina.[6] Es posible que haya ese detonante en determinados casos, pero las causas síquicas y sociales son grandes factores desencadenantes.

---

[6] Harold I. Kaplan y Benjamin J. Sadoch, *Tratado de psiquiatría* (Inter-médica, 1996).

Algunos psiquiatras desconociendo la complejidad del funcionamiento de la mente y sin saber los límites de una aseveración teórica, usan la afirmación de los neurotransmisores como si fuera una verdad científica, despreciando el diálogo con los portadores del síndrome del pánico, tratándolos solamente con antidepresivos. El tratamiento puramente químico es inadecuado.

Los antidepresivos son importantes, pero ayudar a deshacer el teatro de la muerte en la memoria, rescatar el liderazgo del yo en los momentos de estrés y controlar los pensamientos de contenido negativo, como lo hizo el Maestro de Nazaret en sus momentos más estresantes, son procedimientos fundamentales para la resolución definitiva de la crisis. De lo contrario habrá recurrencia y la fobia social, o sea el miedo de frecuentar locales públicos, se establecerá en esos pacientes.

No es una crisis aislada lo que determina el síndrome del pánico. Es necesario que las crisis se repitan.

Cristo no sufrió una crisis de pánico en el jardín de Getsemaní. Él presentó diversos síntomas psicosomáticos y una emoción tensa y angustiada, pero no sintió miedo de morir. A lo largo de su vida pública, expresó varias veces muchos pensamientos que despertaron la ira de sus enemigos, corriendo el constante riesgo de que lo mataran.

En aquella noche fatal, la ansiedad del Maestro no se relacionaba con el miedo a la muerte, sino a la forma de muerte y a la posición que debía asumir en cada una de las etapas de su sufrimiento. Vemos que hablaba con naturalidad acerca de la muerte, dejando entrever que ella abriría las ventanas de su libertad.

Las biografías de Cristo indican que hacía muchos milagros. Pero estos no eran para sanar al alma, la personalidad. Era el contacto con Jesús lo que producía un inmenso placer y libertad, un intenso cambio interior que necesitaba crear raíces poco a poco en los tortuosos territorios de la vida. De lo contrario, el cambio sería superficial y se evaporaría al calor del día, al enfrentar las inevitables dificultades. Fue con ese objetivo que relató la parábola del sembrador. La semilla que fructificó fue aquella que cayó en tierra (alma) fértil, la que permitió la creación de raíces.

La personalidad necesita de transformación, no de milagros. Desarrollar el arte de pensar, aprender a filtrar los estímulos estresantes, invertir en la sabiduría en los inviernos de la vida, son funciones nobilísimas que no se conquistan fácilmente, ni en poco tiempo. Si un milagro pudiera expandir la inteligencia y solucionar los conflictos síquicos, ¿Por qué Jesús no sanó la fragilidad de Pedro, impidiendo que lo negara, ni tampoco evitó el sueño estresado de sus amigos? Noten que, hasta para aliviar su propio dolor, Cristo evitó los milagros.

Nos gustaría eliminar rápida e instantáneamente nuestros sufrimientos. Pero no tenemos éxito. No existen herramientas para eso. Es necesario aprender del Maestro a realizar un viaje introspectivo, enfrentar el dolor con osadía y dignidad y usarlo para formar nuestra alma.

El arte de oír y dialogar

El Maestro se relacionaba continuamente con su Padre y actuaba de la misma forma con sus discípulos. Las personas que convivían con él se volvían saludables, aprendían a desarmar su rigidez y a hablar de sí mismas. Él las animaba con el arte de oír y dialogar, y las estimulaba a ser caminantes introspectivos.

Muchos son excelentes para dar consejos, pero pésimos para dialogar y oír. El diálogo que dicen tener es de una vía, de ellos hacia los otros pero nunca de los otros hacia ellos. Por eso, oyen lo que quieren oír y nunca lo que los otros tienen que decir.

El arte de oír y dialogar maximiza el efecto de los antidepresivos. Los profesionales de la salud mental que miran al mundo de sus pacientes solo dentro de los límites del metabolismo del cerebro tienen una visión miope de la complejidad de la inteligencia. No alcanzan a percibir los pensamientos ocultos de los pacientes ni escuchar lo que sus palabras nunca dijeron.

Vuelvo a recordar la importancia del saber oír y del diálogo. Nunca será exagerado llamar la atención al hecho de estar tan cerca físicamente de nuestros amigos íntimos, pero tan distantes interiormente. La familia moderna se volvió un grupo de desconocidos que dividen el mismo espacio, respiran el mismo aire, pero no penetran unos en el mundo de los otros. Pocos tienen el coraje de admitir la crisis de diálogo y de revisar la calidad de sus relaciones sociofamiliares.

En el mundo actual, las personas viven aisladas dentro de la propia sociedad, expuestas a una serie de trastornos síquicos. Es necesario reconsiderar el estrés al que somos constantemente sometidos, la competencia predatoria, el individualismo y la baja capacidad de sentir placer, a pesar de poseer una inmensa industria del entretenimiento.

El Maestro de Nazaret vivía el arte del diálogo. Sentía placer al interactuar con las personas. Entraba en el hogar, en la historia y en el mundo de ellas. Pasaba tiempo dialogando con aquellos que no tenían un estatus social notorio. Su presencia era agradable y reconfortante. Nadie se sentía aislado ni excluido bajo el cariño de Jesús. Soledad era una palabra desconocida para los que lo seguían.

Es necesario reevaluar también el bombardeo de informaciones negativas generadas por el sistema de comunicación y su impacto sobre la construcción multifocal de la inteligencia. Todos los días el periodismo escrito, televisivo y hablado comenta los hechos más violentos, perversos y aterradores.

El drama de la muerte y la violencia ampliamente divulgado por el periodismo estimula el fenómeno RAM (registro automático de la memoria) a registrar continuamente la violencia y las amenazas del fin en los archivos inconscientes de la personalidad.[7] Ese registro está disponible para que el fenómeno detonante de la memoria haga una lectura instantánea capaz de producir cadenas súbitas de pensamientos negativos. Tales pensamientos, a su vez, producen una detonación emocional instantánea que genera ansiedad, irritabilidad, angustia y, consecuentemente, desencadena síntomas psicosomáticos.

Las relaciones entre Jesús y sus discípulos eran animadoras y no negativas. Había un constante clima de estrés a causa del rechazo de sus ideas por parte de los escribas y fariseos. Pero Él no dejaba que la nube de pensamientos negativos bombardeara la mente de sus discípulos íntimos. A pesar de las dificultades, siempre creaba un clima que tranquilizaba los que lo rodeaban. Su comportamiento exhalaba una especie de «perfume emocional» que atraía a las personas. Por eso, paradójicamente, hasta sus opositores se turnaban para oírlo.

Tomó la copa como hombre y no como Hijo de Dios

El Maestro quería redimir a la humanidad. Por lo tanto, no podía tomar la copa como Hijo de Dios sino como un ser humano, como usted y como yo. Aunque asegurase con todas las letras que era el Hijo del Dios altísimo, tendría que abstenerse de esa condición, tendría que beber su copa como un hombre.

Por un lado, anhelaba regresar a la gloria que tenía antes que el mundo existiera, pero primero tendría que cumplir su más amarga misión. Por el otro, deseaba rescatar al ser humano y, para eso, tendría que sufrir el

---

[7] Augusto J. Cury, *El Maestro de maestros,* Colección Análisis de la Inteligencia de Cristo (Nashville: Grupo Nelson®, 2008).

martirio como un hombre común. Y lo peor, tendría que soportarlo como nadie lo había hecho.

No podría pedir clemencia en el momento en que estuviese sufriendo. No podría gritar como cualquier persona herida, pues su símbolo era el cordero, uno de los pocos animales que se callan ante la muerte. No podría odiar ni airarse contra sus enemigos. Al contrario, tendría que perdonarlos y, sobretodo, amarlos. Si no estaría contradiciendo las propias palabras que Él mismo proclamó a los cuatro vientos: «Amad a vuestros enemigos, bendecid a los que os maldicen» (Mateo 5.44).

No podría desesperarse. En el Getsemaní, mientras se preparaba para tomar la copa, vivió una intensa ansiedad, pero durante el apaleamiento, las sesiones de tortura y la crucifixión, tendría que reaccionar con la más alta serenidad. De lo contrario no sería capaz de gobernar sus emociones al máximo del dolor ni controlar sus pensamientos para expresar sabiduría y tolerancia en un ambiente en que solo había espacio para el miedo, la rabia y la agresividad.

Creer en Cristo como Hijo de Dios depende de la fe; pero no se puede negar que, independientemente de su condición divina, fue hombre hasta las últimas consecuencias. Sufrió y se angustió como hombre. ¿Cómo fue que reunió fuerzas para superar el caos que se estableció en sus emociones en aquel oscuro jardín? Fue sostenido por un continuo y misterioso estado de oración. La oración le trajo salud emocional. Diluyó su angustia e irrigó su alma con esperanza.

Ya sabiendo que tendría que soportar su copa como hombre, sin ninguna anestesia y con la más alta dignidad, Cristo dejó que su cuerpo físico fuese estremecido por síntomas psicosomáticos. Sufrió un caso raro de hematidrosis, que ocurre solo al nivel máximo de estrés. Lucas comenta que su sudor se transformó en gotas de sangre (Lucas 22.44). Hay pocos casos en la literatura médica que relaten que alguien sometido a intenso estrés pudiera tener ruptura o apertura de los capilares sanguíneos y permitir así que los hematíes fueran expulsados junto con el sudor.

Si Cristo hubiera obedecido al lenguaje psicosomático de su cuerpo, no hubiera llegado al estrés extremo, sino que hubiera huido de aquel ambiente. Todo su cuerpo clamaba por la fuga. Pero nunca huyó de sus ideales. No se alejó ni un milímetro de su misión. Al contrario, luchaba dentro de sí mismo para realizar la voluntad del Padre, la cual también era suya, y prepararse para trascender lo insoportable.

9 | La reacción depresiva de Jesús: El último nivel del dolor humano

Una emoción profundamente triste

Cuanto más señales psicosomáticas daba el cuerpo de Cristo para que escapase rápidamente de la situación riesgosa, más se resistía y reflexionaba acerca de su copa. La resistencia intensificaba su ansiedad y hacía que la emoción fuera invadida por un profundo estado de tristeza.

El registro de Mateo dice que: «Cristo comenzó a entristecerse y a angustiarse en gran manera» (Mateo 26.37). La inmensa tristeza que sintió señala que entró en un estado de ánimo deprimido. La angustia profunda es señal de una ansiedad intensa acompañada, como comenté, de distintos síntomas psicosomáticos.

Llegó el momento de Aquel hombre, a quien le gustaba rodearse de niños, que confortaba a los leprosos, que acogía a las prostitutas, que era amigo de los publicanos. Iba a pasar por la condición más dolorosa de la emoción, por la experiencia de la depresión. Llegó el momento de Aquel que contagiaba a todos con su poder y su seguridad, de experimentar la fragilidad de la emoción humana.

¿Logrará superar su grave estado de tristeza y reaccionar con dignidad en un ambiente totalmente hostil e inhumano? Antes de analizar esa cuestión, debemos contestar otras dos preguntas: En el Getsemaní, ¿sufrió Cristo una reacción o una enfermedad depresiva? ¿Cuál es la diferencia entre las dos?

La personalidad de Cristo estaba en el sentido opuesto a la depresión

El Maestro poseía una alegría sin igual. En Él no había sombra de tristeza ni de insatisfacción. La alegría de Cristo no se exteriorizaba con largas sonrisas y gestos eufóricos, pero fluía de su interior como agua que fluye continuamente de una naciente.

Aquel que hablaba incisivamente para que las criaturas saciasen la sed del alma, la sed del placer, ahora estaba extremadamente triste, pues iba a cumplir su objetivo más grande: morir por la humanidad. Al interpretar lo que dejaban entrever los textos de su biografía, constatamos que su estado de ánimo deprimido no era causado por la duda en cuanto a tomar su copa o no, sino por el sabor intragable que contenía.

Veamos cuál es la diferencia entre una enfermedad depresiva y una reacción depresiva para después juzgar el estado emocional de Cristo.

La depresión es una enfermedad clásica en la psiquiatría. Será, como afirmé, la enfermedad del siglo XXI. Su incidencia ha sido alta en todas las sociedades modernas y en todos los niveles sociales. Las personas ancianas y los adultos son los más expuestos a ellas pero, lamentablemente, esa enfermedad ha alcanzado también cada vez más a los niños, principalmente aquellos que sufren a causa de enfermedades, maltratos, experiencias de abandono o viven en hogares donde predominan la crisis de diálogo y la agresividad.

Los adolescentes también están cada vez más vulnerables a la depresión. La crisis del dialogo, la búsqueda del placer inmediato, la incapacidad de controlar los estímulos estresantes y el yugo de la paranoia por la estética han generado la necesidad compulsiva de exhibir un cuerpo que siga el modelo estereotipado difundido por los medios de comunicación, lo que produce en los adolescentes depresión y otros trastornos síquicos como la bulimia y la anorexia nerviosas.

El dolor de la depresión puede ser considerado como el último nivel del sufrimiento humano. Es más intenso que el dolor del hambre, pues una persona hambrienta tiene el apetito preservado, y por eso hasta rebusca en la basura para comer y sobrevivir, mientras que algunas personas deprimidas pueden no tener apetito ni deseo de seguir viviendo aunque tengan por delante una mesa llena. Solo comprende el dolor de la depresión quien ya pasó por ella.

Existen diversos niveles de depresión: superficial, mediana y grave; depresión con síntomas psicosomáticos (dolores musculares, taquicardia, dolor de cabeza, nudo en la garganta, gastritis y otras) o sin ellos; depresión con síntomas sicóticos (desorganización del pensamiento, delirios y alucinaciones) o sin ellos; depresión recurrente, consecuencia de frecuentes recaídas; y depresión con un solo episodio, o sea, la que es tratada y no vuelve más al escenario emocional.

Las causas que llevan a una persona a tener un trastorno depresivo pueden ser síquicas, sociales o genéticas. Las síquicas incluyen ideas de contenido negativo, dificultad de protección emocional, hipersensibilidad, anticipación de situaciones del futuro y otras. Las sociales incluyen pérdidas, competencia predatoria, crisis financiera, preocupaciones existenciales, presión social. La carga genética puede influenciar el estado anímico y propiciar la aparición de enfermedades síquicas, pero es bueno que sepamos que no hay condenación genética en la psiquiatría, salvo cuando hay anomalías cerebrales ocasionadas por alteraciones de cromosomas. Por lo tanto, padres gravemente deprimidos pueden engendrar hijos saludables. La influencia genética puede ser frustrada por la formación adecuada de la personalidad de los hijos, aprendiendo a gobernar sus pensamientos en los momentos de estrés y a preservar sus emociones ante estímulos estresantes.

No hay indicaciones de que Jesús tuviera una carga genética con tendencias a un estado de ánimo deprimido. En otro libro de esta colección vemos que María, su madre, de acuerdo con Lucas, tenía una personalidad refinada, especial: era sensata, sensible, humilde y dada a la reflexión. No hay ningún indicio de que ella haya tenido depresión.

Lucas escribe que «El niño crecía y se fortalecía, y se llenaba de sabiduría» (Lucas 2.40). Cristo nunca fue un espectador pasivo ante la vida; más bien fue un agente modificador de su historia desde la niñez.

Es rarísimo observar a un niño creciendo en sabiduría en las sociedades modernas, o sea, aprendiendo a pensar antes de reaccionar, a lidiar con las pérdidas con madurez, a ser solidario, tolerante y a enfrentar con dignidad las dificultades. Los niños crecen aprendiendo idiomas, usando computadoras, practicando deportes, pero no destilando sabiduría. Con solo doce años, el niño de Nazaret ya brillaba en su inteligencia, ya dejaba perplejos a los maestros de la ley con su sabiduría, tal como está descrito en el texto que relata su encuentro en el templo con los doctores de la ley (Lucas 2.48).

Existen también diferentes niveles de depresión: depresión mayor, distímica, ciclotímica y otras. Las enfermedades depresivas tienen una amplia sintomatología. Haré una breve síntesis de ellas.

La depresión mayor

La depresión mayor se caracteriza por el estado de ánimo deprimido (intensa tristeza), ansiedad, baja autoestima, falta de motivación, aislamiento social, sueño irregular, apetito alterado (disminuido o aumentado), fatiga excesiva, libido disminuida (placer sexual disminuido), ideas de suicidio, déficit de concentración y otros. Afecta a personas de todos los niveles socioeconómicos y culturales.

Muchos pacientes con depresión mayor, antes de la crisis depresiva, presentaban una personalidad afectivamente rica, eran alegres, activos y sociables. Sin embargo, por distintos motivos, esas personas son afectadas por la depresión. Las razones que llevan a alguien extrovertido y sociable al drama de la depresión mayor son múltiples. Desde una predisposición genética hasta causas psicosociales como pérdidas, frustraciones, limitaciones físicas, pensamientos de contenido negativo, meditación en pensamientos pasados, anticipación de situaciones futuras.

No basta estar profundamente triste o deprimido para que se caracterice una depresión. Este estado de ánimo deprimido debe perdurar por lo menos algunos días o semanas, aunque haya casos que llegaron a durar meses y hasta años. Además de eso, es necesario que presenten algunos de los síntomas ya comentados, principalmente la alteración de los sistemas instintivos que preservan la vida (el sueño, el apetito y la libido), fatiga excesiva, ansiedad y desmotivación.

¿Tuvo Jesús depresión mayor? ¡No! En el Getsemaní su ánimo deprimido estaba en un grado de intensidad que solo las más graves enfermedades depresivas llegarían a alcanzar. Con todo, su tristeza no existía desde hacía mucho tiempo. Había empezado solo algunas horas antes y fue provocada por la necesidad de anticipar los sufrimientos que recibiría a fin de prepararse para soportarlos.

A lo largo de su vida y hasta en los últimos momentos antes de ser traicionado y arrestado, no había en Jesús ningún síntoma de depresión. No se aislaba socialmente, sino cuando necesitaba meditar. Era muy sociable, le gustaba hacer amigos y compartir sus comidas. Tenía gran disposición para visitar nuevos ambientes y proclamar el «reino de los cielos». No era irritable ni inquieto; al contrario, lograba mantener la calma en las situaciones más adversas. Su sueño era saludable, dormía hasta en situaciones de turbulencia, como durante una tormenta en el mar. O sea, en Él no había nada que pudiera caracterizar una «depresión mayor».

La depresión distímica

La depresión distímica es aquella que acompaña al proceso de la formación de la personalidad. Los pacientes con depresión distímica, al contrario de aquellos con depresión mayor que antes eran alegres y sociables, desarrollan una personalidad negativa, crítica, insatisfecha, aislada. Los síntomas son los mismos de la depresión mayor, pero menos intensos. La ansiedad es más suave, lo que disminuye el riesgo de suicidio, salvo si la crisis se intensifica y comienzan a surgir síntomas más fuertes como los de la depresión mayor.

Es difícil convivir con portadores de depresión distímica a causa de su negatividad, de la insatisfacción, de la baja autoestima y de la inmensa dificultad que tienen en hacer un elogio a alguien o a algún evento a su alrededor. Solo logran ver su propio dolor. No son así porque quieran, sino porque están enfermos. Necesitan ser comprendidos y ayudados.

Aunque los síntomas sean menos intensos que los de la depresión mayor, es más difícil tratarlos a causa de la falta de esperanza que esos pacientes cargan, de la poca colaboración en el tratamiento y por la dificultad que siempre tuvieron en extraer placer de los pequeños detalles de la vida. Todavía es posible que tales personas crezcan y aprendan a tener placer viviendo.

Cristo no tenía depresión distímica ni personalidad distímica. No era negativo ni insatisfecho. Aunque fuera un crítico del comportamiento humano y de las miserias sociales, sus críticas eran ponderadas y hechas en el momento correcto. Era una persona animada. Nunca se dejaba abatir por los errores de los demás ni por las situaciones difíciles.

Las semillas que plantó en los corazones aún no habían germinado, pero con una esperanza sorprendente, les pedía a los discípulos: «Alzad vuestros ojos y mirad los campos, porque ya están blancos para la siega» (Juan 4.35). Cuando dijo tales palabras, el ambiente que lo rodeaba era de desolación y tristeza. Ya tenía muchos adversarios y muchas personas querían matarlo. Los discípulos alzaban los ojos y no veían nada más que un desierto ardiente. Pero Cristo veía más allá de los límites geográficos y de las circunstancias sociales. Su mirada penetrante alcanzaba a ver lo que nadie más veía y, consecuentemente, se animaba con las cosas que hacían que otros desistieran.

No había en Jesús sombra de desánimo. Si hubiese sido solo un poquito negativo, hubiera desistido de aquellos galileos que lo seguían, pues le traían constantes trastornos. Si estuviéramos en su lugar, excluiríamos a Pedro por haberlo negado; a Judas por haberlo traicionado; y a los demás por haber huido de su presencia. No obstante, su motivación para transformarlos era inalterable.

Los ejecutivos y profesionales de recursos humanos que están siempre realizando cursos de motivación con resultados casi siempre inexpresivos debían aprender de la motivación del Maestro de Nazaret. Vimos que incluso cuando habló acerca de su cuerpo y su sangre en la Última Cena, había en Él una fuerte llama de esperanza por trascender el caos de la muerte.

Al caer la última hoja del invierno, cuando todo parecía perdido, cuando solo había motivos para la desesperación y el llanto, Cristo alzó los ojos y vio las flores de la primavera ocultas en los troncos secos de la vida. Nosotros, al contrario, ante la primera señal de dificultad desistimos de nuestras metas, proyectos y sueños. Necesitamos aprender de su ejemplo a alzar los ojos y ver detrás de las dificultades, dolores, derrotas, pérdidas y comprender que después de los inviernos más rigurosos pueden surgir las más bellas primaveras.

La depresión ciclotímica

La depresión ciclotímica o trastorno bipolar es un trastorno emocional fluctuante. Alterna períodos de depresión con tiempos de euforia. Cada fase puede durar días o semanas, y puede haber intervalos sin crisis. En la fase de depresión, los síntomas son semejantes a los que ya comenté. En la fase eufórica ocurren síntomas opuestos a los de la fase depresiva, como exceso de sociabilidad, de ánimo, de comunicación, de autoestima. En esa fase, las personas se sienten tan poderosas, excesivamente animadas y optimistas que compran todo lo que se les cruce por delante y hacen grandes proyectos sin bases para materializarlos.

Los pacientes que sufren de depresión bipolar también presentan polos depresivos asociados a polos maníacos (eufóricos). Pierden los parámetros de la realidad cuando están en crisis de manía, mientras los que están en la fase eufórica de la depresión ciclotímica conservan su raciocinio y su conciencia, manteniendo conexión con la realidad, aunque con comportamientos extraños. Es fácil condenar y calificar de inmaduras e irresponsables a las personas con ánimo excesivamente fluctuante. Sin embargo, ellas no necesitan de críticas o juicios, sino de apoyo, comprensión y ayuda.

Cristo tampoco tenía depresión ciclotímica ni ánimo fluctuante. Al contrario, su ánimo era estable y sus metas bien establecidas. No actuaba por impulsos emocionales ni tenía gestos de grandeza para promoverse. Aunque fuera muy comunicativo, era lúcido y usaba pocas palabras.

Todo el mundo podía estar en contra de Él, pero nada comprometía el cumplimiento de su misión. Pasaba por los valles de la vida sin que se le notara ninguna inestabilidad emocional. Durante su jornada, cuando presintió que su «hora» se acercaba, regresó rápidamente a Jerusalén y fue al territorio de sus enemigos. Quería morir en Jerusalén.

Los trastornos obsesivos asociados con la depresión

Los trastornos obsesivos compulsivos (TOC) se caracterizan por ideas fijas no administradas por el yo. El fenómeno del autoflujo que es responsable por producir el flujo de pensamientos y emociones en el campo de la energía síquica, hace una lectura continua de determinados territorios de la memoria, generando una hiperproducción de ideas fijas.[8] Tales ideas pueden llevar a un gran estado de angustia, principalmente cuando están vinculadas al cáncer, infarto, derrame cerebral, accidentes, pérdida financiera y preocupaciones excesivas acerca de la seguridad, higiene y limpieza. Las personas con TOC no consiguen gobernar las ideas obsesivas. Piensan lo que no quieren pensar y sienten lo que no quieren sentir. Algunas veces los trastornos obsesivos provocan tanto sufrimiento que pueden desencadenar una enfermedad depresiva.

Cristo tampoco sufrió de trastornos obsesivos. No tenía ideas fijas atormentando su mente. Sufrir y morir en la cruz no le fueron una obsesión. Dejó en claro que solo estaba tomando su copa porque amaba intensamente a la humanidad.

---

[8] Augusto J. Cury, *Inteligência Multifocal* (São Paulo: Cultrix, 1998).

Tenía todo el derecho de pensar fijamente día y noche en cada etapa de su martirio, pues estaba consciente de cuándo y cómo iba a morir, pero era completamente libre en sus pensamientos. Previó por lo menos cuatro veces su muerte, pero esa previsión no revelaba una mente perturbada por pensamientos anticipatorios. Solo deseaba preparar a sus discípulos para el drama que iba a sufrir y llevarlos a conocer el proyecto que estaba guardado en lo profundo de su ser.

Nosotros hacemos «la velación antes de tiempo», sufrimos anticipadamente. Los problemas aún no han sucedido y tal vez nunca sucedan, pero destruimos nuestras emociones por vivirlos anticipadamente. El Maestro de Nazaret solo sufría cuando los acontecimientos tocaban su puerta. Solamente con emociones tan libres pudo, a menos de veinticuatro horas de su tortura en la cruz, tener disposición para cenar y cantar con sus discípulos y pedirle a Dios que tuviesen gozo completo.

La diferencia entre la depresión y una reacción depresiva

La diferencia entre una enfermedad depresiva y una reacción depresiva casi nunca está vinculada a la cantidad ni a la intensidad de los síntomas, sino principalmente a la durabilidad de ellos.

La reacción depresiva es momentánea, dura horas o algunos días a lo mucho. Permanece mientras está presente el estímulo estresante o mientras la persona no se adapta psicológicamente a él. Los estímulos pueden ser una ofensa, una humillación pública, la pérdida de un trabajo, de un ser querido, la separación conyugal, un accidente, una enfermedad. Con la adaptación psicológica o la remoción de esos estímulos, ocurre una desaceleración de los pensamientos y la reorganización de la energía emocional, trayendo otra vez el placer de vivir.

Si los síntomas de una reacción depresiva perduran por más tiempo, entonces se establece una enfermedad depresiva que yo llamo depresión por reacción. Esta persistirá por una o dos semanas, o más tiempo, dependiendo del éxito del tratamiento.

¿Cuál es el mecanismo psicodinámico que produce una reacción depresiva o un trastorno ansioso? El Maestro de Nazaret era una persona tan hábil en el arte de pensar y tan madura en cuanto a la capacidad de proteger sus emociones, que comprendía en forma cristalina el mecanismo que voy a exponer resumidamente.

El fenómeno RAM (registro automático de memoria) graba en la memoria todas las experiencias que ocurren en nuestras mentes. En una computadora, elegimos las informaciones que queremos guardar, pero en la memoria humana no hay esa opción. ¿Por qué no? Porque si la tuviéramos, podríamos tener la oportunidad de cometer el suicidio de la inteligencia. En una crisis emocional sería posible destruir los archivos de la memoria que estimulan la construcción de los pensamientos. En ese caso, perderíamos la conciencia de quiénes somos y dónde estamos. De este modo, el todo y la nada serían la misma cosa, no existiríamos como seres pensantes.[9]

Todo lo que pensamos y sentimos es registrado automática e involuntariamente por el fenómeno RAM. Ese fenómeno es más fuerte en las experiencias con más «fuerza» emocional, o sea, son registradas en forma más privilegiada. Por eso «recordamos» con más facilidad las experiencias que nos trajeron más tristezas o alegrías más intensas.

En una persona sin protección emocional, las experiencias angustiantes producidas por los estímulos estresantes son grabadas en forma privilegiada en la memoria, por lo tanto están más disponibles para ser leídas. Una vez leídas, producen nuevas secuencias de pensamientos nega-

---

[9] Augusto J. Cury, *Inteligência Multifocal* (São Paulo: Cultrix, 1998).

tivos y nuevas emociones estresantes. Así, se cierra el ciclo psicodinámico que origina determinados trastornos síquicos, incluso el TOC.

Cuidamos de la higiene de la boca, del ruido en el carro, de la pérdida de agua en el grifo, pero no cuidamos de la calidad de los pensamientos y emociones que pasean por nuestras mentes. Una vez que estos se archivan, nunca más pueden ser borrados, solamente pueden escribirse de nuevo. Por eso, el tratamiento psiquiátrico y psicoterápico no es como una cirugía, sino que es un lento proceso. De la misma forma, también es difícil, pero no imposible, cambiar las características de nuestra personalidad.

Tal como lo hacía Cristo, es más fácil proteger las emociones o reciclarlas rápidamente en el momento en que las vivimos que volverlas a escribir después de haberlas guardado en los archivos inconscientes de la memoria. Él gozaba de una salud emocional impresionante, pues superaba constantemente las ofensas, las dificultades y las frustraciones. Por eso, el fenómeno RAM no registraba experiencias negativas en su memoria, pues simplemente no las producía en su mente.

Cristo no hacía de su memoria un depósito de basura, pues no guardaba disgustos en contra de nadie. Podía ser ofendido y ultrajado, pero las ofensas no invadían el territorio de sus emociones. La psicología del perdón que ampliamente divulgaba no solo aliviaba a las personas perdonadas, sino que las transformaba en seres libres y tranquilos.

Así como cuando su amigo Lázaro murió, no se desesperó ni corrió para realizar otro de sus milagros. Todo lo hacía con serenidad, sin desesperarse y en el tiempo propicio. No conozco a nadie que posea la estructura emocional que Él tuvo.

He estudiado exhaustivamente un síndrome que descubrí.[10] Ese síndrome se establece en el proceso de formación de la personalidad y

---

[10] Augusto J. Cury, *Superando o cárcere da emoção* (São Paolo: Academia de Inteligência, 2000).

ocurre con gran frecuencia en medio del pueblo en general. El síndrome triplemente «hiper» presenta tres características hiperdesarrolladas en la personalidad: hipersensibilidad emocional, hiperconstrucción de pensamientos e hiperpreocupación de la imagen social.

La hipersensibilidad emocional se expresa por medio de una inmensa falta de protección emocional. Pequeños problemas producen un impacto emocional muy grande. Una ofensa es capaz de arruinar el día o la semana de la persona a quien fue dirigida.

La hiperconstrucción de pensamientos se caracteriza por una producción excesiva de pensamientos. Pensamientos anticipatorios, meditación en recuerdos del pasado, pensamientos acerca de los problemas existenciales. La consecuencia de la hiperproducción de pensamientos es que provoca un gran consumo de energía cerebral.

La hiperpreocupación de la imagen social se manifiesta como una preocupación angustiante de lo que los demás piensan y hablan acerca de nosotros. Tal característica hace que la persona administre mal toda forma de crítica y rechazo social. Una mirada de desaprobación es capaz de producir una intensa ansiedad.

No todos tienen los tres pilares de ese síndrome, pero este suele aparecer en las mejores personas de la sociedad. Son buenas para los demás y pésimas para sí mismas. Realmente creo que ese síndrome tenga más posibilidad de desencadenar una enfermedad depresiva o ansiosa que una predisposición genética.

Cristo era un distinguido pensador, pero no pensaba demasiado ni divagaba en ideas. No gastaba energía mental en cosas inútiles. Se preocupaba intensamente por el dolor humano, pero no le importaba su imagen social, ni el concepto que tenían de Él. En varias ocasiones hubo discusión entre sus opositores acerca de quién era, cuál sería su identidad. Sucedieron discusiones fuertes sobre qué hacer con Él.

El Maestro sabía que pretendían arrestarlo y matarlo, pero aunque contagiaba a multitudes con su amabilidad y gentileza, era al mismo tiempo firme y seguro. Por lo tanto, no tenía el síndrome triplemente «hiper». Eso explica por qué caminaba libre por las turbulencias de la vida.

El Maestro tuvo una reacción depresiva

Durante toda su vida, Jesús sufrió intensas presiones sociales. A los dos años de edad cuando debía estar jugando, ya era perseguido por Herodes. Sus padres no tenían privilegios sociales. Su profesión era humilde. Sufrió frío, hambre y no tenía morada fija. Tuvo entonces diversos motivos para ser una persona negativa, ansiosa e irritable, pero era una persona satisfecha y saludable emocionalmente.

Nunca culpó a nadie por su falta de privilegios, ni buscaba ansiosamente lo que le faltaba. Era rico por dentro, aunque fuera pobre por fuera. De manera contraria a Él, muchos tienen excelentes motivos para ser alegres, pero son tensos, agresivos y andan angustiados.

Jesús vivía cada minuto con intensidad. Caminaba incansablemente de pueblo en pueblo predicando su mensaje. Algunas veces no tenía que comer, pero no le importaba; el placer de estar en contacto con nuevas personas, de aliviarlas e iluminarlas con su mensaje era más importante. Incluso decía, para asombro de sus discípulos, que su comida era hacer la voluntad de su Padre (Juan 4.34).

Sin embargo, aquel hombre alegre, seguro, amable e imbatible estaba ahora en el jardín de Getsemaní. Allí expresó por primera vez una profunda tristeza.

¿Qué sintió: una depresión o una reacción depresiva? Creo que las explicaciones anteriores dejan en claro que tuvo solamente una reacción depresiva momentánea, aunque intensa y sofocante. Cuando comenzó a reflexionar acerca de sus sufrimientos, una nube de pensamientos dramáticos corrió por su mente.

Siempre supo lo que enfrentaría, pero la hora fatal había llegado. Tenía que prepararse para soportar lo insoportable. Se compenetró con cada detalle de sus llagas. En aquel momento, Jesús hombre vivió el más ardiente e insoportable estado de tristeza.

La depresión de los pensadores

Muchos hombres ilustres también sufrieron depresión a lo largo de la vida. Freud tuvo crisis depresivas. En una de sus cartas a sus amigos, dijo que estaba deprimido y que la vida para él había perdido el sentido. El torbellino de ideas que pasaban por su mente, los pensamientos negativos acerca de la existencia, el peso de las pérdidas y otros factores terminaron dejándolo deprimido en los años posteriores. La cultura psicoanalítica no lo libró de su miseria interior.

Hebert Spencer, un gran pensador inglés del siglo XIX, cierta vez comentó que no valía la pena vivir. Durant, historiador de filosofía, intentó defenderlo.[11] Comentó que Spencer «veía tan lejos que las cosas cercanas no tenían sentido para él». Esa defensa es muy incompleta. No es por el hecho de haber sido un gran pensador que Spencer perdió la capacidad de sentir placer. Entre las causas interiores se debe notar que él desarrolló el mundo de las ideas, pero despreció poco a poco el arte de contemplar lo bello en los pequeños detalles de la vida.

En realidad, no fueron pocos los pensadores que vivieron una vida angustiante. Caminaron por el mundo de las ideas, pero no aprendieron a caminar en el mundo de las emociones. De este modo perdieron el sentido de la vida, el placer de vivir.

---

[11] Will Durant, *The Story of Philosophy* (New York: Simon & Schuster, 1953).

¿Fueron frágiles esos hombres? Es difícil juzgar a alguien sin ponerse en su lugar y compenetrarse con los detalles de su vida. Todos tenemos nuestras fragilidades y pasamos por avenidas difíciles de caminar. La vida humana posee pérdidas imprevisibles y variables, difíciles de administrar.

Algunos pensadores se volvieron muy negativos, como Voltaire, Schopenhauer, Nietzsche. Se hundieron en el torbellino de las ideas, pero descuidaron los pequeños acontecimientos que le dan sentido a la vida. No supieron irrigar sus emociones con los lirios de los campos sobre los cuales el carpintero de Nazaret habló a sus discípulos.

Cristo habló acerca de los misterios de la existencia como ningún filósofo jamás lo hizo. La eternidad, la muerte, la trascendencia de los dolores, la transformación de la naturaleza humana estaban constantemente en el mensaje de sus ideas. A pesar de tener un lenguaje intelectual complejo y ser drásticamente crítico del maquillaje social, de la falta de solidaridad y del carácter de las personas, exhalaba sencillez y placer. Grandes pensadores perdieron el sentido de la vida al desarrollar el mundo de las ideas. No obstante, Cristo a pesar de ir tan lejos con el lenguaje de los pensamientos, aun encontraba tiempo para contemplar los lirios de los campos.

Debemos ser cuidadosos con la paradoja de la cultura y las emociones: en el área de las emociones hay analfabetos que son ricos e intelectuales que son miserables. No pocos de ellos se aislaron socialmente y dejaron de ser personas socialmente agradables. No se dieron cuenta de que una sonrisa es tan importante como una brillante idea. No comprendieron que la cultura sin el placer de vivir es vacía y muerta.

También viví un período de tristeza y negatividad en mi elaboración de conocimiento filosófico y psicológico. Por el hecho de producir una nueva teoría acerca del funcionamiento de la mente y de la construcción de la inteligencia, así como por investigar exhaustivamente la lógica de los pensamientos y los fenómenos que leen en una fracción de segundo la memoria y construyen la secuencia de las ideas, también perdí el piso emocional y me hundí en una esfera de negativismo y tristeza. Vivo en una bella región, cercado por la naturaleza. Pero, lentamente, el canto de los pájaros y las formas especiales de las flores ya no encantaban mis emociones como antes.

Pero, felizmente comprendí que el mundo de las ideas no podía desconectarse del arte de contemplar lo bello. Es posible obtener placer de las cosas más sencillas. Estudiar la personalidad de Cristo me ayudó mucho a comprenderlo. Aprendí que la belleza no está por fuera, sino en los ojos de quien la mira.

Recordemos la actitud intrigante de Jesús en la gran fiesta judía. Se paró y declaró que era una fuente de placer para el ser humano. No piensen que el ambiente exterior era favorable. ¡No! Era frío y amenazador. Los soldados, a pedido del Sanedrín, estaban allí para arrestarlo. Bastaba que abriese la boca para que lo identificaran. En ese ambiente turbado, declaró con gran naturalidad, que podía solucionar la angustia esencial que está en lo íntimo del alma humana.

Los soldados perplejos regresaron con las manos vacías, pues dijeron: «¡Jamás hombre alguno ha hablado como este hombre!» (Juan 7.46). Es increíble pensar que Jesús habló del placer donde solo había espacio para el miedo y la ansiedad.

La depresión de las personas famosas

Cuando el mundo de las ideas se desconecta de las emociones, el placer de vivir disminuye. Cuando la fama es mal administrada, afecta a la salud emocional. Con el avance de la comunicación se extendió un excesivo y enfermizo deseo de ser famoso. Desde la niñez los niños quieren ser artistas de cine, cantantes, jugadores de fútbol, grandes empresarios. Tras ese deseo está el sueño con la fama. Sin embargo, el mundo de la fama ha abatido a hombres y mujeres.

Un análisis de personalidad de algunos individuos famosos demuestra que al inicio, la fama produce un éxtasis emocional. Pero con el paso del tiempo, esas personas sufren —tras los bastidores de sus mentes— la acción del fenómeno de la adaptación psicológica que hace que poco a poco se aburran del éxito y de la pérdida de privacidad, disminuyendo así el placer por los elogios y los asedios.

Para nosotros los que investigamos la inteligencia y el funcionamiento de la mente no existe la fama. Eso es un artificio social. Nadie está por encima ni es más importante que los demás. Es interesante notar que el Maestro de Nazaret pensaba exactamente de esta forma. Tanto las personas famosas como las desconocidas son seres humanos dignos del mismo respeto, pues poseen los mismos fenómenos inconscientes que leen la memoria y construyen las secuencias de pensamientos, la conciencia y la totalidad de la inteligencia.

A pesar de las particularidades de nuestra personalidad, compartimos fenómenos universales que promueven el funcionamiento de la mente, generando también necesidades síquicas y sociales universales. Las personas famosas aunque hayan conquistado los mayores trofeos, al igual que un africano de Ruanda fustigado por el hambre, tienen necesidad de soñar, dialogar, tener amigos, superar la soledad, reflexionar acerca de la existencia. Si esas necesidades no fueran atendidas, la calidad de la vida emocional queda perjudicada.

Schopenhauer, ilustre filósofo alemán, dijo cierta vez que «la fama es una tontería; la cabeza de los demás es un pésimo sitio para apoyar la felicidad del ser humano».[12] De hecho, gravitar en torno a otros y esperar

---

[12] Will Durant, *The Story of Philosophy* (New York: Simon & Schuster, 1953).

algo de ellos para alimentar nuestra paz y felicidad es una pésima elección. La verdadera felicidad debe estar dentro de cada uno de nosotros, y no en lo que los demás piensen y digan de nosotros.

Aunque amó al mundo de las ideas, Schopenhauer no vivió lo que decía, pues fue un amargo pesimista que no alcanzó el placer dentro de sí mismo. Sin embargo, Cristo vivía un placer y una paz que fluían de su interior. Sus más ricas emociones eran estables porque no dependía de las circunstancias sociales ni de las actitudes de los demás hacia Él.

Si la fama y el éxito, aunque legítimos, no fueran bien trabajados, se convertirían en un montón de angustias, aislamiento y tedio. Nada es tan fugaz e inestable como la fama.

Cristo era extremadamente asediado. Algunas veces querían proclamarlo como rey. En otras, le atribuían el estatus de Dios. Pero la fama no lo seducía, obtenía más placer de los pequeños eventos de la vida que de los grandes acontecimientos sociales. Sus más brillantes pensamientos no fueron proferidos en ambientes públicos, sino en la sencillez de una playa, de un jardín o en casa de sus amigos.

Un resumen de las características que hacían de Cristo una persona saludable

A continuación, haré una síntesis de las características fundamentales de Jesús estudiadas hasta aquí. Ellas hicieron que el carpintero de Nazaret, que no frecuentó escuela ni creció a los pies de los grandes intelectuales de su época, tuviese una personalidad única, diferente a todas las demás. El brillo que irradió cruzó los siglos y sigue resplandeciendo en nuestros días.

Por medio de esas características podemos comprender por qué no tuvo ningún tipo de depresión, ni el síndrome del pánico, ni trastorno obsesivo compulsivo (TOC), ni el síndrome triplemente «hiper» ni ninguna otra forma de trastorno psiquiátrico.

1) Protegía sus emociones ante los estímulos del estrés.

2) Filtraba los estímulos estresantes.

3) No hacía de su memoria una cesta de basura de las miserias existenciales.

4) No vivía en torno a las ofensas y rechazos sociales.

5) Pensaba antes de reaccionar.

6) Tenía convicción de sus pensamientos y era gentil en la forma de exponerlos.

7) Transfería a sus oyentes la responsabilidad de creer en sus palabras y de seguirlo.

8) Vivía el arte del perdón. En cualquier momento podía retomar el diálogo con las personas que lo frustraban.

9) Sabía invertir en la sabiduría ante los inviernos de la vida. Hacía de sus dolores una poesía.

10) No huía de los sufrimientos, sino que los enfrentaba con lucidez y dignidad.

11) Cuanto más sufría, más alto soñaba.

12) No reclamaba ni murmuraba. Supervaloraba lo que tenía, no lo que le faltaba.

13) Gobernaba sus pensamientos con libertad. Las ideas negativas no le dictaban órdenes a su mente.

14) Era un agente transformador de su historia, no víctima de ella.

15) No sufría anticipadamente.

16) Rompía toda cárcel intelectual. Era flexible, solidario y comprensivo.

17) Brillaba en su raciocinio, pues abría las ventanas de su memoria y pensaba en todas las posibilidades.

18) Contemplaba lo bello en los pequeños hechos de la vida.

19) No gravitaba en torno a la fama, jamás perdía el contacto con las cosas sencillas.

20) Vivía cada minuto de la vida con intensidad. No había en Él sombra de tedio, rutina o angustia existencial.

21) Era sociable, agradable, calmado. Estar a su lado era una aventura emocionante y estimulante.

22) Vivía el arte de la autenticidad.

23) Sabía compartir sus sentimientos y hablar acerca de sí mismo.

24) Vivía el arte de la motivación. Lograba alzar los ojos y ver las flores antes que las semillas hubieran florecido, antes del caer de las primeras lluvias.

25) No esperaba mucho de las personas a su alrededor ni de las más íntimas, aunque se entregase intensamente a ellas.

26) Tenía inmensa paciencia para enseñar, no vivía en función de los errores de sus discípulos.

27) Nunca desistía de nadie, aunque las personas pudieran desistir de Él.

28) Tenía inmensa capacidad para animarlas, aunque fuera con una mirada. Usaba los errores de ellas como preparación para la madurez, no como un objeto de castigo.

29) Sabía estimular la inteligencia de ellas y dirigirlas a pensar en otras posibilidades.

30) Alcanzaba a oír lo que las palabras no decían y ver lo que las imágenes no revelaban.

31) A nadie consideraba enemigo, aunque algunos lo considerasen una amenaza a la sociedad.

32) Lograba amar con un amor incondicional, un amor que sobre pasaba la lógica de recibir algo a cambio.

Si hubiesen estudiado la personalidad de Cristo, habrían comprendido que alcanzó no solo la cima de la inteligencia sino también el apogeo de la salud emocional e intelectual.

10 | La copa de Cristo

Dos pensamientos inesperados

Jesús hombre siempre sacudió las bases de la inteligencia de todos aquellos que cruzaron su historia. Desde los discípulos hasta sus adversarios, desde los leprosos hasta las prostitutas, desde los hombres indoctos hasta los maestros de la ley, todos se quedaban intrigados de su perspicacia, rapidez de raciocinio, elocuencia, amabilidad, delicadeza de gestos y reacciones que demostraban poder. Pero en el Getsemaní, verbalizó dos pensamientos inéditos en su vocabulario.

El primero que ya vimos fue dirigido a los hombres. Les dijo: «Mi alma está muy triste, hasta la muerte». Ahora, en el segundo, fue más lejos al pedir: «Padre mío, si es posible, pase de mí esta copa; pero no sea como yo quiero, sino como tú» (Mateo 26.39). ¿Qué significa ese segundo pensamiento? ¿Significa sufrir con anticipación? Aquel hombre fuerte y aparentemente inalterable, ¿vaciló ante el martirio? ¿Dio marcha atrás?

En cierta ocasión, Jesús presintió que su «hora» había llegado. ¿Cuándo fue eso? Pocos días antes del Getsemaní, cuando algunos griegos fueron a visitarlo. Su fama se había expandido tanto que ya había alcanzado al país de la filosofía, Grecia. Es probable que en otras naciones ya estuvieran hablando acerca de Él. En Galilea, Herodes Antipas estaba ansioso por conocerlo, pues oyó hablar de su fama y esperaba verlo hacer algún milagro (Mateo 14.1). Cristo prefería el anonimato, pero era imposible que alguien como Él pasara inadvertido. Los hombres del Sanedrín no hablaban de otra cosa sino del miedo a que su comportamiento y el movimiento de las multitudes a su alrededor pudieran ser considerados como sedición hacia Roma, lo que estimularía una intervención en Israel y el comprometimiento de los privilegios de sus dirigentes (Mateo 27.17-18).

El Maestro comenzó a divulgar sus pensamientos a partir de los treinta años, y los difundió solo por tres años y medio. En ese corto periodo, provocó un tumulto sin igual en aquella nación. Las multitudes, para envidia de la cúpula judía, lo seguían extasiadas.

Si hubiese vivido dos o tres años más, aunque no hubiera hecho una campaña publicitaria personal, de pronto no solo los pueblos de otras naciones se hubiesen dirigido a Él sino que también hubiera podido estremecer al imperio de Tiberio, el emperador romano.

Con el acercamiento de los griegos, presintió que el tiempo de su partida había llegado. Dijo: «La hora ha venido» (Marcos 14.41). Sabía que su comportamiento y el mensaje que exhaustivamente anunciaba difícilmente serían aceptados. A causa de su fama y de sus obras, el pueblo quería proclamarlo rey. Pero para sorpresa de todos, Aquel dócil hombre decía que su reino no era de este mundo. Las personas, obviamente, no entendían su lenguaje.

Si la multitud seguía alborotada, podría empezar una guerra. Roma intervendría con rigor, como ocurrió treinta y siete años después, en el año 70 A.D. En esa época, bajo el mando del general Tito, el mismo que terminó el Coliseo iniciado por su padre, el emperador Vespasiano, dejó en ruinas a Jerusalén y mató cerca de un millón de personas.

Jesús era completamente contrario a cualquier forma de violencia. Aceptaba poner su vida en riesgo, pero protegía a las personas a su alrededor, hasta sus opositores, y por eso fue que contuvo la agresión de Pedro con aquellos que lo arrestaron. Sin embargo, su fama aumentaba cada vez más. Ya no podía caminar libremente. Las personas lo apretaban por donde pasaba.

En aquella época, algunos judíos deseando matarlo llegaron a usar incluso una mujer como trampa. Sorprendida en adulterio, iba a ser apedreada si no hubiese sido por la gran sabiduría y osadía de Jesús expresada en la frase: «El que de vosotros esté sin pecado sea el primero en arrojar la piedra contra ella» (Juan 8.7). Aquellos hombres sedientos de sangre se vieron obligados a interiorizar y reconsiderar su violencia.

Cuando los griegos le preguntaron a uno de sus discípulos si podían encontrarse con Jesús, este les dijo: «Ahora está turbada mi alma; ¿y qué diré? ¿Padre, sálvame de esta hora? Mas para esto he llegado a esta hora» (Juan 12.27). Aquí, cuando pensó en su martirio, comentó que estaba angustiado. Pero en aquel momento, sintió solo una pequeña muestra de la angustia que sufriría días después en el Getsemaní. Luego volvió a ganar la compostura y los discípulos no se apercibieron de su breve dolor.

En esa situación, aún demostraba ser inalterable, pues habló acerca del juicio del mundo. También describió el tipo de muerte que tendría, diciendo: «Si fuere levantado de la tierra» (Juan 12.32). Ser «levantado de la tierra» significaba ser crucificado. Él se puso como la luz que resplandece en lo íntimo de la mente y del espíritu humano. Dijo: «Aún por un poco está la luz entre vosotros» (Juan 12.35). Y, además de eso, en lugar de pedir como en el Getsemaní, «Padre, aleja de mí esta copa», afirmó: «Mas para esto he llegado a esta hora» (Juan 12.27).

Morir por la humanidad era su meta fundamental, y nada lo desviaría de su objetivo. ¿Por qué entonces, días después en el Getsemaní, cambió su lenguaje y le suplicó al Padre que alejase de Él la copa? En aquel jardín, la muerte estaba tocando la puerta. Dentro de doce horas sería crucificado. Cambió entonces de actitud porque asumió plenamente su condición de hombre.

Si Cristo sufrió y murió como Hijo de Dios, jamás podríamos aprender algo de sus experiencias, pues somos personas frágiles, inseguras y con inmensa dificultad para tratar nuestras miserias. Pero como murió como hijo del hombre, podemos extraer de su caos profundas lecciones de vida.

En ese momento llegó a decir una frase interesante: «El espíritu a la verdad está dispuesto, pero la carne es débil» (Mateo 26.41). Su ser interior, «su espíritu», estaba preparado para morir, pues era fuerte, estable y decidido. Pero su ser exterior, «su carne», era frágil, débil y sujeto a trastornos casi incontrolables en determinadas situaciones, como ocurre con cualquier ser humano.

Decir que la carne es débil significa que el cuerpo físico, aunque complejo, está sujeto al frío, al hambre, al dolor, a las alteraciones metabólicas. Indica que hay una unidad entre la psique (alma) y la vida física (bios) y que esa vida, por medio de los instintos, muchas veces prevalece sobre la psique, principalmente cuando estamos estresados o viviendo cualquier tipo de dolor.

El Maestro tenía razón. Observen como una pequeña fiebre nos puede abatir emocionalmente. Un cólico intestinal puede turbar nuestros pensamientos. Una ofensa en público tiene el poder de paralizar nuestra capacidad de coordinar las ideas. Una migraña nos puede dejar irritables e intolerantes con las personas que más amamos.

Yo me alegro al analizar a un hombre que tuvo el coraje de decir que estaba profundamente angustiado y que tuvo la autenticidad de clamar a Dios para que alejase de Él su martirio si así lo quería. Si todo en la vida fuera sobrenatural, no habría belleza ni sensibilidad pues estoy sujeto a angustias, mis pacientes están sujetos a trastornos síquicos, y todos nosotros estamos sujetos a errores y dificultades.

A los hombres les gusta ser dioses, pero a Aquel que se presentaba como el Hijo de Dios le gustaba ser hombre.

Controló las emociones en el lenguaje del pensamiento

A pesar de sufrir como hombre, Jesús tenía una humanidad nobilísima. Noten que le dijo a su Padre: «Aparta de mí esta copa» (Marcos 14.36). El demostrativo «este» indica que se estaba refiriendo a lo que pasaba en su mente respecto de la copa física que iba a soportar a la mañana siguiente.

Imaginen cuántos pensamientos y emociones angustiantes pasaban por la mente de Jesús. Pongámonos en su lugar; imaginemos nuestro rostro todo lleno de hematomas por los puñetazos de los soldados, nuestras espaldas surcadas por los azotes, nuestra cabeza herida por las muchas espinas. Imaginemos también los primeros clavos perforando la piel, los nervios y músculos de nuestras manos.

¿Cuál sería la peor copa: la síquica de los pensamientos anticipados o la copa física? Normalmente la psicológica es peor que la física, pero en el caso de Jesús eran los dos, pues el sufrimiento de la cruz fue indescriptible. Pero le pidió al Padre que alejase «esta» copa, la copa síquica que estaba pasando por su mente, y no la física. Pero como esta copa también era parte de su martirio, en seguida añadió: «Pero no se haga mi voluntad, sino la tuya» (Lucas 22.42). Con resignación, se rindió a la voluntad de su Padre.

Jesús sufrió antes de tiempo porque estaba a las puertas de su juicio y de su crucifixión. Como ya comenté, necesitaba pensar en las etapas de su dolor a fin de reunir fuerzas para soportarlas como hombre de carne y hueso.

El procedimiento del Maestro de la escuela de la vida es evidencia de que hay momentos cuando debemos dejar a un lado nuestra despreocupación y tomar conciencia de los problemas que pasamos. De lo contrario, nos alienaríamos socialmente. Esos momentos deben encararse directamente y analizarse desde diferentes ángulos.

Pero es difícil saber cuál es el momento adecuado para ese ejercicio intelectual. El tiempo para lidiar con los problemas futuros debía ser solo el suficiente para equiparnos con el fin de superarlos. Sufrir por una posibilidad de un cáncer, por una crisis financiera que puede no ocurrir, por una dificultad aún distante, es como flagelarse a sí mismo inútilmente.

Por desdicha, una de las características universales del *homo sapiens*, de esta especie inigualable a la cual pertenecemos, es sufrir con anticipación. La construcción de pensamientos que debería producir un oasis de placer, origina muchas veces un espectáculo de terror que nos expone con frecuencia a trastornos síquicos. Hay muchas personas llenas de cultura y aparentemente saludables que sufren secretamente dentro de sí mismas.

No deberíamos quedarnos pensando durante días, semanas o meses antes que los hechos ocurriesen, salvo si tuviéramos la capacidad de no involucrar las emociones con la cadena de pensamientos, pues ella es la gran villana que roba la energía cerebral. Cuando la actividad del pensamiento está cargada de estrés, aprehensión y angustia, gasta dos, tres o hasta diez veces más energía que si estuviera desconectada de esas emociones. Si pudiéramos usar nuestra capacidad reflexiva sin vincularla a la ansiedad, seríamos capaces de reflexionar en los acontecimientos mucho antes de que ocurriesen. Pero no conozco quien posea tal habilidad. Los vínculos de la emoción con los pensamientos acompañan toda la historia de la formación de la personalidad.

Un análisis psicológico estricto de la personalidad de Cristo indica que tuvo esa habilidad. Solo aplicó emoción intensa a la producción de pensamientos horas antes de morir. Si durante la vida no hubiera sabido gobernar su inteligencia, habría estrangulado sus propias emociones, pues por estar consciente del drama que iba a sufrir, tendría su mente continuamente atormentada, y eso no le proporcionaría las condiciones para brillar en el arte de pensar, mantener la serenidad, ser afectuoso y dócil con todas las personas que cruzaron su historia.

Sin vivir un teatro: La paradoja entre el poder y la sencillez

Cuando Aquel hombre dócil y valiente le pidió a Dios que alejase aquella copa, actuó de la forma más incomprensible de toda su historia. Con esas palabras, como vimos, vivió el arte de la autenticidad. Pero por otro lado, esa actitud podría comprometer la adhesión de nuevos discípulos, pues es propio de la fantasía humana desear conectarse a alguien que nunca exprese debilidad. Algunos ven en esa actitud de Cristo fragilidad y vacilación, pero después de estudiar exhaustivamente su personalidad, percibo en ella la más bella poesía de libertad. Su comportamiento manifiesta que si lo hubiera querido, podría haber evitado su copa; sin embargo la tomó libre y conscientemente.

Sus palabras revelan que Jesús no representaba una dramatización, sino que quería ser Él mismo, y por eso relató sin ningún disfraz lo que se pasaba en el escenario de sus emociones. Jesús de Nazaret era tan grande y desprendido que no tenía ninguna necesidad de fingir lo que sentía. Nosotros, al contrario, no pocas veces disfrazamos los sentimientos, pues tenemos miedo de ser reprochados y excluidos del ambiente en que vivimos.

Estudiar la mente de Cristo es algo muy complejo. Con frecuencia sus actitudes están ocultas a los ojos de la ciencia, pues pertenecen a una esfera que no puede ser investigada, la esfera de la fe. Pero no nos tenemos que quedar con las manos cruzadas, aún es posible extraer tesoros escondidos en sus pensamientos.

Sus reacciones sencillas y el poder descomunal que demostraba se equilibraban perfectamente en la «balanza» de la sabiduría y del buen sentido. Las ideas de grandeza son frecuentemente incompatibles con la salud síquica. Si analizamos la historia de cualquier persona que deseó compulsivamente el poder y la exaltación suprema, que siempre se empeñó por estar por encima de los demás, encontraremos en su personalidad algunas características enfermizas, como la incoherencia, la impulsividad, actitudes autoritarias y una inmensa dificultad de ponerse en el lugar de los otros y percibir sus dolores y sus necesidades. Algunos por amar obsesivamente el poder se vuelven paranoicos; otros sicópatas; y otros aun, dictadores violentos.

Los dictadores con tales características siempre violaron los derechos de los demás, pues nunca lograron ver al mundo a través de los ojos de ellos. Tomemos a Hitler como ejemplo. Un análisis de su historia constata que tenía una mente perspicaz y persuasiva asociada a un delirio de grandeza, ansiedad, irritación intelectual y exclusión social. Aun derrotado, se percibía en él una persona inflexible, incapaz de reconocer ni un poco sus errores ni de poseer sentimientos altruistas. Al final de la guerra, poco antes de suicidarse, se casó con Eva Braun.[13]

---

[13] Giuseppe Mayda, et al., *Os ditadores* (São Paulo: Editora Três, 1997).

158

La incoherencia no está en ese matrimonio que aparentemente podría representar un momento de afecto, sino en el hecho de que se casaron confesando que eran «arios puros». Con eso, aun estando a las puertas de la muerte, sacudía el holocausto judío y perseguía su desquiciada y científicamente débil purificación de la raza.

El pueblo judío siempre fue brillante. Fueron perseguidos y esparcidos por un dictador sicópata, incapaz de comprender que una «raza» o el color de la piel y la condición cultural jamás podrían servir como parámetro para distinguir a dos seres de la misma especie. Pues son seres que comparten los mismos fenómenos, que leen la memoria y producen insondables secuencias de pensamientos, así como todos los elementos que estructuran la inteligencia y la conciencia. Como afirmé, hasta un niño con deficiencia mental está dotado de la misma complejidad en su inteligencia y, por lo tanto, merece el mismo respeto que el más puro de los arios o cualquier otro ser humano.

Jesús también tuvo ideas de grandeza inconcebibles. Se situaba por encima de los límites del tiempo. Decía que era el Cristo, el Hijo del autor de la existencia. Mencionaba una indestructibilidad jamás expresada por un ser humano. No obstante, al contrario de todos los hombres que amaron el poder, prefería la sencillez y la humildad.

A pesar de expresar un poder raro, jamás excluyó a nadie. Amaba a los judíos con una emoción ardiente y, exceptuando la cúpula del poder, ellos igualmente lo amaban. Para la felicidad de los leprosos, de las prostitutas y de los ruidosos niños, Aquel hombre que mostraba su grandiosidad buscaba a las personas más sencillas para relacionarse. Podía usar su poder para controlar a las personas y poner al mundo bajo sus pies. Pero recuerde que sus gestos estaban siempre llenos de humildad, rebajándose y lavando los pies a hombres sin privilegios sociales. El amor que lo movía sobrepasaba los límites de la lógica. La psicología no consigue investigarlo ni analizarlo adecuadamente, pues su personalidad es muy diferente a lo común y corriente.

Un plan superior

Si Cristo deseaba disfrazar sus emociones, jamás hubiera expresado su dolor en el Getsemaní y jamás hubiera manifestado su deseo de no beber la copa.

El objetivo del Maestro es mucho más ambicioso que inaugurar una escuela de ideas o una corriente de pensamiento. Como ya repetí varias veces, su objetivo era provocar la más drástica revolución humana, una que comenzara en el espíritu humano, fluyera por toda la inteligencia y modificara para siempre la forma de ser y pensar del hombre, introduciéndolo por fin en la eternidad, lo que indica la universalidad de Jesucristo. Él vino por todos los pueblos y por las personas de cualquier religión, cultura, raza y condición social.

Si Platón, Sócrates, Hipócrates, Confucio, Sakyamuni, Moisés, Mahoma, Tomás de Aquino, Espinoza, Kant, Descartes, Galileo, Voltaire, Rousseau, Einstein y tantos otros que brillaron por su inteligencia y contribuyeron al enriquecimiento de la calidad de vida mediante sus pensamientos científicos, filosóficos o religiosos, hubieran sido contemporáneos de Jesucristo y vivido en las regiones de Galilea y Judea, seguramente no estarían en el Sanedrín acusándolo, sino que serían parte del rol de sus amigos. Se sentarían con Él a la mesa y sostendrían diálogos enriquecedores. Probablemente andarían en su compañía de aldea en aldea y habrían llorado cuando partió.

El Maestro de Nazaret no vino a destruir culturas, según está claramente expresado en todas sus biografías; vino para darle «vida» al ser humano, introducir la naturaleza de Dios dentro de él, enriquecerlo con una fuente inagotable de placer y sumergirlo en una vida sin fin.

Jesús no era una estrella en medio de las personas. Se mezclaba con ellas, participaba en su cultura y se volvía una de ellas. Cuestionado por mezclarse con el pueblo y comer sin lavarse las manos, dijo: «No es lo que entra por la boca lo que contamina al hombre, sino lo que sale de ella» (Mateo 15.11). No estaba menospreciando la higiene, sino que quería demostrar que había venido para cambiar el interior del ser humano. Para eso estableció principios universales, como el que declaró en el Sermón del monte: «Felices o bienaventurados son los pobres de espíritu» (Mateo 5.3), o sea, aquellos que valoran más el «ser» que el «tener» y se ubican siempre como aprendices de la vida. También llamó bienaventurados a los pacificadores, los misericordiosos, los puros de corazón, los que aman y tienen sed de justicia.

Aun llegó a decir que son «Bienaventurados los mansos, porque ellos recibirán la tierra por heredad» (Mateo 5.5), pareciendo entrar en contradicción con la historia. La historia relata que frecuentemente los que ejercieron cualquier clase de violencia fueron los que heredaron la tierra u ocuparon los espacios sociales, aunque en las sociedades democráticas haya habido muchas excepciones. Hasta en la teoría de Darwin, los más fuertes y adaptados son los que dominan a los más débiles. No obstante, según la firme convicción del carpintero de Nazaret, los mansos son aquellos que un día heredarán la tierra.

Cristo vivió la mansedumbre como la música de su vida. Provocó la revolución más grande de la historia sin sacar ninguna espada, sin producir ninguna violencia. Inspiró a muchas personas a lo largo de los siglos. Una de ellas fue Gandhi, que lo admiraba mucho y que como un poeta de la vida, liberó a la India del Imperio Británico en 1947 sin usar la violencia.

Solamente los fuertes ahorran la sangre y son capaces de usar las pequeñas gotas del diálogo, de la afectividad y la tolerancia para arar e irrigar el suelo árido de los obstáculos que están por delante.

El cambio inesperado del lenguaje de Cristo

Lucas describe que Jesús inclinaba el rostro sobre los pies y oraba intensamente. Tal posición indicaba no solo su humildad, sino su sufrimiento. En esa posición, caminaba hacia su interior y suplicaba al Padre.

En el capítulo diecisiete de Juan, como vimos, hizo su más larga oración. Mencionó cerca de treinta y nueve veces el nombre del Padre y los pronombres relacionados con Él. Tal vez se haya demorado unos diez minutos en ese diálogo. Con todo, en el jardín del Getsemaní, oró por lo menos durante dos o tres horas (Mateo 26.39-45). Pero como los discípulos estaban dormidos, no tenemos el registro de eso. Tal vez haya mencionado el nombre del Padre centenares de veces y lo haya invitado a penetrar en cada escena de la película de su mente, en cada etapa del dolor que iba a atravesar.

Eso debe realmente haber sucedido, pues analizando las pocas frases que fueron registradas en ese ambiente, percibimos un cambio en el lenguaje de Jesús acerca de la copa.

El texto de Mateo nos muestra que en la primera fase declaró: «Padre mío, si es posible, pasa de mí esta copa; pero no sea como yo quiero, sino como tú» (Mateo 26.39). Pasada una hora, después de haber tenido un rico diálogo no registrado, y aunque gimiendo de dolor, cambió sus pensamientos y afirmó: «Padre mío, si no puede pasar de mí esta copa sin que yo lo beba, hágase tu voluntad» (Mateo 26.42). Esas palabras indican que se convenció de que no era posible dejar de tomar la copa.

Ese cambio en el lenguaje revela que Jesús tenía un Padre que no era fruto de su imaginación o de una alucinación sicótica. Una alucinación y un delirio sicótico son producidos cuando la persona pierde los parámetros de la realidad y comienza a construir, sin conciencia crítica, una serie de pensamientos fantasiosos que considera reales; cuando cree con convicción que esos pensamientos o imágenes no fueron producidos por sí mismo, pero pertenecen a otro ser real que está fuera de ella. Así, escucha voces inexistentes, ve imágenes reales y tiene sensaciones raras e ideas sin fundamento. Si desarrollamos un diálogo más significativo con alguien que es fuertemente sicótico, percibimos fácilmente la incoherencia intelectual, la dificultad obvia en gobernar sus pensamientos y la pérdida de los parámetros de la realidad.

Cristo no estaba alucinando ni delirando cuando dialogaba con su Padre. Al contrario, además de estar lúcido y ser coherente, desarrolló las funciones de la inteligencia a niveles jamás soñados por la psiquiatría y la psicología.

Él no fantaseaba ni hacía un juego de lenguaje cuando se refería a su Padre. El análisis de sus palabras y las intenciones que ellas expresan, demuestra que su Padre era real, que tenía una existencia propia, una voluntad definida. Tal vez su voluntad y la de su Padre concordaban en casi todo lo que habían planeado, pero en esa situación la voluntad del Padre no estaba coincidiendo con la suya. El Padre quería la cruz, y el Hijo en condición de hombre, dijo aunque por un momento, que deseaba evitarla. Eso revela claramente que el martirio de Cristo no fue un teatro. Independientemente de su divinidad, sufrió como alguien que tenía piel, fibras musculares, nervios. Se sometió al Padre no por temor o imposición de Él, sino por amor. Un amor que sobrepasa el entendimiento.

Esa diferencia entre la voluntad de los dos no era un problema para ellos, pues uno buscaba satisfacer el deseo del otro. Por eso, según los evangelios, el mayor conflicto del universo fue solucionado en pocos momentos. ¿Por qué hay entre ellos una inexplicable armonía? Ambos poseen una coexistencia misteriosa, si los lectores quisieran profundizar sobre ese tema, deberían buscar en los libros de los teólogos. Cristo le dijo una vez a Felipe, uno de los discípulos: «¿No crees que yo soy en el Padre, y el Padre en mí?» (Juan 14.10). La voluntad del Padre prevaleció sobre la del Hijo. Este comprendió que la copa sería inevitable, por eso se rindió a la voluntad del Padre. Se entiende aquí que el Padre, aunque contemplase los gemidos de dolor del Hijo y tuviese conciencia de los azotes y heridas que Él enfrentaría, lo convenció para que la tomase.

Según el modo de pensar de Cristo, si fallaba, el plan de Dios fallaba. En ese caso, la redención de la humanidad no sucedería, el perdón de sus fallas y de las miserias humanas no se realizaría, ninguna criatura sería eterna. La vida humana sería un simple juego temporal y después de eso, la nada.

¿Cómo lo convenció el Padre para tomar la copa? Tal vez haya recordado todo lo que el Hijo ya sabía, todo el plan. Pero dado que Jesús estaba sufriendo intensamente como hombre, necesitaba ser confortado por las palabras de su Padre. Tal vez este haya mencionado el nombre de Pedro, Juan, María Magdalena, Lázaro y de todos los hombres, mujeres y niños que Jesús conoció y amó ardientemente.

El Padre no prestó atención a la voluntad de Jesús, pero aun así este oró. ¿Por qué lo hizo entonces? Porque aquel diálogo lo sostenía, llenó su alma de esperanza, renovó sus fuerzas. Los discípulos estresados tuvieron un sueño pesado, pero Él navegaba introspectivamente.

Si el Hijo insistía en no tomar la copa, el Padre realizaría su deseo, pero Jesús dijo: «Hágase tu voluntad...» Tal vez al Padre le era más fácil ver al Hijo morir en la cruz que verlo siendo aporreado y, aun así, quedarse callado; ser ultrajado y, aun así ser dócil; ser azotado y, aun así, ser tolerante; ser traspasado en la cruz y, aun así, tener el desprendimiento de amar y perdonar.

Cierta vez Jesús dijo que si el ser humano, que es limitado en su capacidad de amar, daba buenas cosas a los hijos cuando estos le pedían, Dios, por tener una capacidad insondable de amar, daría mucho más cuando las personas insistentemente le pidiesen (Mateo 7.9). Con esas palabras afirmaba que el amor del Padre era incomparablemente mayor que nuestro inestable y circunstancial amor.

Una voz venida del cielo declaraba lo que el Padre sentía por el Hijo: «Este es mi Hijo amado, en quien tengo complacencia» (Mateo 3.17). De acuerdo a las biografías de Cristo, su muerte fue el evento más importante y más doloroso para el Dios eterno. Vemos el desespero de Dios y de su Hijo y la angustia que ambos vivieron para cambiar el destino de la humanidad (Mateo 26.38).

Solamente los muertos saben si ese cambio de destino fue real o no. Aquí, en el «escenario de los vivos», solo podemos creer o rechazar las palabras de Cristo. Es una actitud totalmente personal, con consecuencias personales. Pero creo que no hay manera de no quedarnos perplejos ante esos acontecimientos.

La meta impresionante: «Vosotros sois dioses»

Agustín, en los primeros siglos de la era cristiana, resumió en forma sólida su pensamiento sobre la misión y la copa de Cristo: «Dios se hizo hombre para que el hombre se hiciera Dios».[14]

---

[14] H. Bettenson, *Documents of the Christian Church* (Oxford University Press, 1999).

Él quiso decir que el objetivo de Dios es que el ser humano conquiste la naturaleza divina y venga a ser hijo de Dios, no para ser adorado, sino para recibir todas las dádivas de su ser. El propio apóstol Pedro en su vejez escribió en una de sus cartas que por medio de Cristo «nosotros somos participantes de la naturaleza de Dios» (2 Pedro 1.4). Incomprensible o no, eso era lo que pensaba Cristo y sus más íntimos seguidores. ¿Cómo puede el ser humano, tan lleno de fallas y tan limitado en su forma de pensar, recibir la naturaleza de Dios y ser eterno como Él?

En efecto, independientemente de rechazar el pensamiento de Cristo o no, un análisis profundo de sus biografías revela que «tomar la copa» no implicaba la idea de sufrir como un pobre miserable, sino que revela el plan más ambicioso jamás realizado, el plan de Dios para infundir inmortalidad dentro de los seres temporales.

Un día, varios judíos se llenaron de ira por la blasfemia de Jesús que, siendo hombre, se decía Dios. Entonces Jesús, perturbado drásticamente, contestó: «¿No está escrito en vuestra ley: Yo dije, dioses sois?» (Juan 10.34). El texto que Jesús mencionó del Antiguo Testamento cayó como una bomba en la mente de aquellos hombres que suponían conocer las Escrituras antiguas. Nunca le habían prestado atención a algunos puntos fundamentales que estaban implícitos en ese texto del Salmo 86.

El Maestro siguió confundiéndolos: «Si llamó dioses a aquellos a quienes vino la palabra de Dios (y la Escritura no puede ser quebrantada), ¿al que el Padre santificó y envió al mundo, vosotros decís: Tú blasfemas, porque dije, Hijo de Dios soy?» (Juan 10.35-36).

Esas palabras revelan el centro del plan transcendental de Cristo. Él quería que la criatura humana recibiese la naturaleza eterna de Dios. Si para aquellos hombres las palabras del carpintero de Nazaret afirmando que era el propio Hijo de Dios ya eran consideradas una blasfemia insoportable, imagínese ¿qué habrán pensado de su objetivo de hacer que criaturas inestables y temporales se tornaran en hijos del Dios altísimo? Sus opositores no sabían cómo definirlo. Unos creían que estaba loco, otros creían que estaba sufriendo de un delirio espiritual (decían que estaba poseído por el demonio) y otros aun salían confundidos sin concluir nada.

La medicina es la más compleja de las ciencias. Es una fuente concentradora de las diversas áreas del conocimiento. Está compuesta por la biología, la física, la matemática y otras ciencias. Sin embargo, el médico más culto y experimentado solo es capaz de decir que el que crea en su tratamiento puede ser sanado de su enfermedad. No obstante, Cristo era tan audaz que afirmaba que quien creyera en Él tendría vida eterna. ¿Qué poder se ocultaba dentro del carpintero de Nazaret para que tuviese el coraje de expresar que trascendía todas las indescriptibles consecuencias psicológicas y filosóficas del fin de la existencia?

Hay miles de hospitales y millones de médicos regados por todo el mundo, buscando no solo mejorar la calidad de vida, sino también retrasar el término de la existencia humana. Al final, lamentablemente, la muerte triunfa y derrota a la medicina. Sin embargo, apareció un Hombre hace dos milenios cuyas palabras provocaron el impacto más grande de la historia. Afirmaba sin duda alguna, que había venido con la misión de triunfar sobre la muerte. Quería romper la burbuja del tiempo que envolvía a la humanidad y hacer que el ser mortal alcanzara la inmortalidad. ¡Qué propósito tan impresionante!

11| La criatura humana como un ser irremplazable

El Maestro de la sensibilidad

L legamos al final de este libro. Aquí veremos tres características fundamentales de la personalidad de Jesucristo: la sensibilidad, el placer de pasar inadvertido y la preocupación específica por cada ser humano. Estudiarlas contribuirá a entender algunos pensamientos y reacciones relacionados con la persona más bella y difícil de comprender que pasó por esta tierra.

La sensibilidad y la hipersensibilidad

Para aclarar ese tema, permítanme contarles una anécdota.

M. L. es una educadora brillante. Percibe el mundo de forma distinta a la mayoría de las personas. Contempla los pequeños detalles de la vida, capta los sentimientos más ocultos de las personas a su alrededor.

La sonrisa de un niño la encanta, hasta las hojas balanceándose en el aire la inspiran. Le gusta extraer lecciones de las dificultades que enfrenta. La vida para ella no es un espectáculo vacío.

Conclusión: M. L. desarrolló la sensibilidad, una de las más nobles características de la inteligencia y una de las más difíciles de conquistar. Con todo, difícilmente alguien logra desarrollar una sensibilidad madura, acompañada de protección emocional, seguridad y capacidad para filtrar los estímulos estresantes. Por eso, normalmente las personas sensibles se vuelven como M. L., o sea, hipersensibles.

Las personas hipersensibles tienen bellísimas características de sensibilidad, pero al mismo tiempo presentan frecuentes crisis emocionales y un humor fluctuante que se alterna entre el placer y el dolor. Cuando yerran o fracasan, se castigan excesivamente. Cuando ven a alguien sufriendo, sufren con la persona y, a veces, hasta más que ella. No logran controlar el impacto emocional ante una pérdida. Gravitan en torno a las dificultades que aún no han surgido y no consiguen impedir dentro de sí mismas el eco de los estímulos estresantes que las rodean.

Se puede decir que las personas hipersensibles son las mejores de la sociedad, pues son incapaces de herir a los demás. Pero son pésimas consigo mismas. Soportan los errores ajenos, pero no los propios. Comprenden el fracaso del prójimo, pero no soportan el suyo. Son especialistas en castigarse a sí mismas. Muchos poetas y pensadores fueron hipersensibles, por eso tuvieron graves crisis emocionales.

La sensibilidad es una de las características más sublimes de la personalidad; sin ella no se desarrolla el arte de la contemplación de lo bello, la creatividad, la socialización. Por desdicha, el sistema educacional valora poco la expansión de la sensibilidad, como también estimula poco la protección emocional.

El Maestro de Nazaret desarrolló la sensibilidad emocional en su sentido más amplio. Se volvió más que una característica de la personalidad, fue el arte poético. Era afectuoso, observador, creativo, detallista, perspicaz, indagador, sutil. Disfrutaba de los pequeños eventos de la vida y, además, alcanzaba a percibir los sentimientos más ocultos en aquellos que lo rodeaban. Veía encanto en una viuda pobre y percibía emociones reprimidas en una prostituta.

Cristo fue el Maestro de las emociones. Entrenó su sensibilidad desde niño. Mientras iba creciendo en sabiduría, desarrollaba una emoción sutil y una inteligencia refinada, y eso le daba una habilidad psicoterápica impresionante, la de captar los pensamientos no verbalizados y adelantarse a las emociones no expresadas.

¿Por qué cuando adulto se volvió un excelente narrador de historias? Porque en la niñez y en la juventud, la rutina y el tedio no tuvieron espacio en su vida. Mientras los niños y hasta los adultos de su época vivían superficialmente, como simples peatones, Él penetraba y reflexionaba acerca de los mínimos detalles de los fenómenos que lo rodeaban. Creo que miraba a los cielos y componía poemas acerca de las estrellas. Seguramente dedicaba largo tiempo a contemplar y admirar las flores del campo. Los lirios cautivaban sus ojos y las aves del cielo lo inspiraban (Mateo 6.26-28). Hasta el cántico de las golondrinas que perturba al atardecer, sonaba como música a sus oídos. El comportamiento de las ovejas y los movimientos de los pastores no pasaban inadvertidos ante ese poeta de la vida.

Por ser un distinguido observador, el Maestro de la sensibilidad se hizo un excelente narrador de historias y de parábolas. Sus historias cortas y llenas de significado contenían todos los elementos que había contemplado, admirado y seleccionado a lo largo de la vida. Murió joven, tenía poco más de treinta años, pero acumuló en su humanidad una sabiduría que el mundo académico aún no adquiere.

La vida no le dio abundancia de bienes materiales, pero extrajo riquezas de la miseria. Rompió los parámetros de la matemática financiera; era riquísimo, aunque no tuviera donde recostar la cabeza. Estuvo envuelto desde niño en un ambiente estresante, pero expresó la mansedumbre y la lucidez de su «desierto». Se volvió tan calmado y manso que cuando adulto, se consideró el propio origen de la tranquilidad. Por eso, hizo sonar en los estresados territorios de Judea y Galilea una invitación nunca antes oída: «Aprended de mí, que soy manso y humilde de corazón» (Mateo 11.29). Nuestra paciencia es inestable y circunstancial, pero la suya era estable y contagiosa. Aquellos que lo seguían de cerca no sentían temores ni perturbaciones emocionales.

Su sensibilidad era tan aguda que cuando una persona sufría a su lado, era el primero en percibir y buscar aliviarla. Los dolores y las necesidades de los demás importunaban las raíces de su ser. Todo lo que tenía lo compartía. Era un antiindividualista por excelencia.

Cristo tenía una amabilidad sorprendente. Freud excluyó de la familia psicoanalítica a los que pensaban contrariamente a sus ideas, pero el Maestro de Nazaret no excluyó de su historia al que lo traicionó ni al que lo negó. Las personas podían abandonarlo, pero jamás desistía de nadie.

Sería de esperar que por haber desarrollado el más alto nivel de sensibilidad, Cristo tuviese todos los síntomas de la hipersensibilidad. Al contrario, consiguió reunir en la misma orquesta de la vida dos características casi irreconciliables: la sensibilidad y la protección emocional. Cuidaba a los demás como nadie, pero no dejaba que el dolor de ellos invadiera su alma. Vivía en medio de adversarios, pero sabía protegerse, por eso no se abatía cuando era menospreciado o injuriado. Logró mezclar la seguridad con la dulzura, la osadía con la simplicidad, el poder con la capacidad de apreciar los pequeños detalles de la vida.

Al contrario de las personas sensibles, las insensibles difícilmente exponen sus emociones. Son egoístas, individualistas, implacables, incapaces de reconocer su error y por eso son especialistas en reclamar y criticar superficialmente todo lo que las rodea. Están siempre escondiéndose detrás de una cortina de seguridad que muestra no una emoción tranquila, sino una rígida e insegura. Terapéuticamente hablando, es mucho más fácil guiar a una persona hipersensible a proteger sus emociones y a resolver algunos problemas de hipersensibilidad que conducir a una insensible a despojarse de su rigidez y conquistar la sensibilidad. No obstante, siempre es posible volver a desarrollar algunas características de la personalidad; el desafío está en salir de la condición de espectador pasivo a la de agente modificador del itinerario de la propia historia.

Aunque la sensibilidad casi siempre tire hacia la hipersensibilidad, mientras una persona más aprenda a encontrar placer en los pequeños detalles de la vida, más saludable emocionalmente será. No espere encontrar un gran número de personas ricas en emociones en la Avenida Paulista, en los Campos Elíseos, en Wall Street o entre los millonarios mencionados en *Forbes*. Búsquelas entre aquellas que encuentran tiempo para observar «el brillo de las estrellas».

Alguien podrá argumentar que en las grandes ciudades es difícil observar las estrellas a causa de la polución del aire. Siempre tendremos argumentos para odiar el desarrollo de nuestra sensibilidad. Si hay una cortina de polución que tapa nuestra visión, ciertamente hay un universo de otros detalles que late a nuestro alrededor: un diálogo sincero, la sonrisa de los niños, una flor que se abre, un viaje introspectivo, una revisión de sus creencias, la lectura de un libro. Necesitamos

173

dedicar tiempo a aquello que no trae ganancia al bolsillo, sino a nuestro interior. Jesús decía que el tesoro del corazón es estable, mientras que los bienes materiales son transitorios (Mateo 6.19-20).

Al preservar sus emociones en los momentos de estrés y disfrutar del placer de los pequeños hechos de la vida, el Carpintero nos dejó un modelo vivo de que es posible desarrollar la sensibilidad, incluso en un ambiente donde solo haya piedras y arena.

Las características distintivas del carácter de Dios y Jesús

Jesucristo no fue solo el Maestro de las emociones, también tenía una característica difícil de comprender, lo que hace que su personalidad sea diferente a todas las demás: le gustaba pasar inadvertido y ser hallado por aquellos que ven con el corazón.

Antes de estudiar esa característica de Cristo, me gustaría invitar al lector a profundizar en algunas indagaciones filosóficas acerca del carácter del Autor de la existencia, Dios.

Al observar el universo, a pesar de notar tanta belleza y organización, no vemos a su Autor. Si hay un Dios en el universo, ¿por qué deja la mente humana en suspenso y no muestra claramente su identidad? Si es omnisciente, si tiene plena conciencia de todas las cosas, incluso de nuestras preguntas acerca de Él, ¿por qué no contesta las dudas que hace siglos nos incomodan?

Todo el universo, incluso las millones de especies de la naturaleza, indica la existencia de un Creador. No obstante, a pesar de haber realizado una obra fantástica, no quiso ponerle su firma. ¿Por qué no? Muchos se vuelven ateos porque no encuentran respuestas a sus dudas. Otros, entretanto, buscan al Creador con los ojos del corazón, y por eso dicen encontrar su firma en cada lugar y en cada momento, en el cántico de los pájaros, en la anatomía de las flores y hasta en la sonrisa de las personas.

Es propio de un autor firmar su obra, aunque sea con un seudónimo. Al parecer, el Creador dejó que los innumerables detalles de su creación hablasen por sí solos, como si fueran su propia firma.

Algunos administradores públicos realizan pequeñas obras, pero al inaugurarlas, hacen grandes discursos. El Autor de la existencia, al contrario, hizo obras admirables tan grandes que ni todas las enciclopedias del mundo podrían describirlas, pero no hizo ningún discurso de inauguración.

Nadie invade la propiedad de otra persona bajo pena de sufrir una acción judicial. Con todo, estamos viviendo en la tierra, de donde sacamos el alimento para nutrirnos, el aire para respirar y hacemos un territorio para vivir. Pero, ¿dónde está el Propietario de este planeta azul que se distingue de los millones de otros en el cosmos? ¿Por qué no reivindica lo que es suyo y no nos cobra «impuestos» para disfrutar de su más excelente propiedad? ¡Esas son cuestiones importantes!

Siempre hubo a través de la historia, personas en el campo teológico y filosófico que consumieron gran parte de su energía mental intentando revelar los misterios de la existencia. Y mientras más preguntaban, más aumentaban sus dudas. ¿Por qué el Autor de la vida no se revela sin rodeos a esta especie pensante a la cual pertenecemos?

Algunos argumentan: Él dejó diversos escritos de hombres que tuvieron el privilegio de conocer parte de sus propósitos. Veamos como ejemplo la Biblia. Está formada por decenas de libros y demoró cerca de mil quinientos años en ser escrita. Pero aunque podamos profundizar en los textos bíblicos y encantarnos con muchos relatos, tenemos que reconocer que Dios es un ser misterioso y muy difícil de comprender. A pesar de ser omnipresente, o sea, de estar todo el tiempo en todas partes, no se muestra claramente. Por eso usó hombres para escribir algo acerca de sí.

Isaías fue uno de los principales profetas de las antiguas Escrituras. En uno de sus textos, hace una declaración brillante acerca de una característica de Dios que solo los más sensibles logran percibir: «Verdaderamente tú eres Dios que te encubres...» (Isaías 45.15). Isaías observaba el universo, veía un mundo admirable, pero se turbaba pues a su Autor no le gustaba exhibirse, más bien se ocultaba de los ojos visibles.

Un día Elías, otro profeta de Israel, pasaba por un gran problema. Estaba siendo perseguido y sufría grave riesgo de perder la vida. Asustado, se escondió de sus enemigos, preguntándose dónde estaría el Dios a quien servía. Dios entonces hizo venir un fuerte viento, pero Él no estaba en el viento. Hizo aparecer un fuerte fuego, pero tampoco estaba en medio de la furia de las llamas. Entonces, para sorpresa de Elías, hizo surgir una brisa suave, casi imperceptible, y allí sí estaba (1 Reyes 19.11-13). Nos encantan los grandes eventos, pero a Dios le encantan las cosas sencillas.

Es necesario ver las cosas pequeñas para encontrar a Aquel que es grande.

Einstein, el científico más grande del siglo XX, quería entender la mente de Dios. El autor de la teoría de la relatividad era más ambicioso de lo que se podría imaginar. Como investigador irrefrenable, estaba interesado en conocer más que los misterios de la física, más que la relación tiempo espacio que tanto insomnio provoca en los científicos. Quería comprender los pensamientos de Dios.

Otros pensadores, como Descartes, Espinoza, Kant, Kierkegaard, hicieron de sus indagaciones acerca de Dios objeto constante de sus investigaciones. Pasaban tiempo produciendo conocimiento sobre el

Creador. Y a usted lector, ¿nunca le surgieron en su mente preguntas acerca de qué es la existencia y quién será su Autor?

Es propio del ser humano amar los elogios, la apariencia, complacerse con el poder y sentirse por encima de sus semejantes. Piense un poco. Si el autor de la existencia apareciera repentinamente en la tierra, de forma clara y visible, ¿no cambiaría completamente la rutina humana? ¿No se postrarían a sus pies todas las criaturas humanas? ¿No estaría impresa su imagen en las primeras páginas de todos los periódicos? Su presencia seguramente sería el mayor acontecimiento de la historia.

Según las biografías de Jesucristo, eso ya ocurrió. Hace dos mil años el Dios eterno finalmente decidió mostrar su «cara», darse a conocer a sus criaturas terrenales. Juan dijo, repitiendo las palabras de Jesús: «A Dios nadie le vio jamás; el unigénito Hijo, que está en el seno del Padre, él le ha dado a conocer» (Juan 1.18). Ante esas palabras, todos podríamos decir: «Ahora, finalmente, el Autor de la existencia vino a revelar su identidad». Sin embargo, al analizar la historia de Jesús, en lugar de aclarar nuestras dudas, aumentaron. ¿Por qué? Porque se esperaba que el Hijo del Dios altísimo naciera en el mejor palacio de la tierra, pero para sorpresa nuestra, nació entre los animales. En la intimidad de un pesebre vertió sus primeras lágrimas. El aire saturado del olor agrio de estiércol fermentado ventiló por primera vez sus pulmones.

También era de esperarse que demostrase al mundo sus virtudes y su poder desde su nacimiento, pero vivió anónimo hasta los treinta años. Cuando decidió, por fin, manifestarse, hizo milagros increíbles, pero en vez de usarlos para confirmar su real identidad, pedía insistentemente a las personas que no divulgasen lo que había hecho. Ese Jesús es tan diferente a lo esperado que confunde a cualquiera que quiera investigar su personalidad.

Con el simple poder de su palabra, rompió las leyes de la física como si fueran juguetes. Sanó ciegos, resucitó muertos, calmó tormentas, caminó por sobre las aguas, multiplicó materia (panes), se transfiguró, o sea, hizo todo lo que la física y las ciencias más lúcidas creen que es imposible que suceda. Por eso, al investigarlo, no es posible considerar más que dos hipótesis: o Jesucristo es la mentira más grande de la historia o la verdad más grande del universo; o los discípulos deliraban al describirlo o, de verdad, describieron a la persona más admirable, atrayente y difícil de comprender que pisó esta tierra.

Creerle a Jesucristo o no es algo totalmente personal, algo que tiene que ver con la conciencia individual. Pero, como afirmé en el primer libro de esta colección, aunque lo rechacemos sería imposible que los discípulos inventaran una personalidad como la de Él. Ni el autor más fértil lograría imaginar un personaje con sus características, pues sus reacciones y pensamientos sobrepasan los límites de la previsión, creatividad y la lógica humana.

El niño Jesús debía haber crecido a los pies de los intelectuales de su época y convivido con los mejores maestros de la filosofía griega. Pero no frecuentó escuelas, y aun más, fue a tallar madera. ¿Cómo es posible que Aquel que declara ser el Coautor de billones de galaxias pierda tiempo trabajando con troncos de madera? Locura a los ojos físicos, pero sabiduría para aquellos que ven con el corazón, para aquellos que ven más allá de los límites de las imágenes. Los dioses griegos, si estuviesen vivos, se quedarían con la boca abierta al saber que Aquel que declara ser el Creador de los cielos y la tierra, la única vez que vino a revelarse claramente, se escondió detrás de los ruidos de los martillos.

El Coautor de la existencia con la piel de un carpintero

Juan en su vejez hizo un relato sorprendente acerca de Jesús. Describió: «Todas las cosas por él fueron hechas, y sin él nada de lo que ha sido hecho, fue hecho» (Juan 1.3). El pensamiento del discípulo indica que el propio Jesús proyectó con el Padre la existencia, el mundo animado e inanimado. Padre e Hijo pusieron el cosmos en una «mesa de dibujos de arquitectura». Ambos fueron responsables de la creación de la existencia, y por eso Juan dijo que sin Jesús nada se realizó.

El evangelista fue más lejos y comentó: «Y aquel Verbo fue hecho carne, y habitó entre nosotros» (Juan 1.14). Según ese discípulo, el Coautor de la existencia pisó esta tierra revestido de un cuerpo biológico, adquirió una humanidad y habitó entre los seres humanos. Por estar escondido en la piel de un carpintero, es probable que muchos de los que lo elogian y dicen amarlo hasta hoy, si estuviesen presentes en aquella época, hubieran tenido gran dificultad en reconocerlo y seguirlo.

La convicción con que Juan habla acerca de Jesús es admirable. A través de su óptica, Aquel que nació en un pesebre fue el Autor de la vida y fue quien confeccionó los códigos genéticos, así como sus incontables mutaciones.

De acuerdo a los cuatro evangelios, Dios y su Hijo no son una simple energía cósmica extremadamente inteligente, no son solo un poder superior o una mente universal, sino seres dotados de personalidad y con características particulares, como cada uno de nosotros. Muchas son fácilmente observables, entre ellas el placer de pasar inadvertidos y de dar plena libertad a las criaturas para que los busquen o los rechacen.

Un día la hija de Jairo murió. Jesús fue hasta su casa. Al llegar, encontró a muchas personas llorando en la sala. Buscando consolarlas, les dijo con mucha naturalidad: «¿Por qué alborotáis y lloráis? La niña no está muerta, sino duerme» (Marcos 5.39). Inmediatamente las personas comenzaron a reírse de Él, pues sabían que la niña estaba muerta. Sin incomodarse con eso, entró en la habitación donde estaban el cuerpo de la niña, los padres y algunos discípulos. Ahí, con increíble determinación, impresionó a los presentes. Solo dio una orden para que la niña se levantara y ella revivió inmediatamente.

En seguida, hizo dos cosas inesperadas que mostraban su carácter modesto. En primer lugar pidió que le diesen de comer a la niña. Pero, para quien hizo el milagro de resucitarla, ¿no sería fácil alimentarla de modo sobrenatural? ¡Por supuesto! Con todo, se ocultó detrás de ese pedido, deseando, además de eso, mostrar que la vida humana no debe basarse en milagros, sino en trabajo. Hizo lo mismo cuando pidió que quitaran la piedra de la tumba de Lázaro.

Después, a pesar de haber dejado a todos maravillados con su acto, les advirtió que no comentasen a nadie acerca de lo que había sucedido. ¿Cómo sería posible ocultar aquel hecho? Jesús sabía que se regaría como fuego en paja seca. Pero, ¿por qué pidió silencio?

Su pedido no era una estrategia de mercadeo. No pedía silencio para despertar en las personas el deseo de divulgar sus hechos. No, Él no disimulaba su comportamiento, pues como hemos visto, vivió el arte de la autenticidad. Al pedir silencio estaba solamente deseando ser fiel a su conciencia, pues lo que hacía no era para promoverse a sí mismo, sino para aliviar el dolor humano. Si hubiese querido, pudo haber estremecido al Imperio Romano, pero prefería ser un sembrador que plantaba ocultamente sus semillas

Se negó a usar su poder para aliviar el dolor

A todos nos gusta ser estrellas en medio de la multitud. Y, aunque no lo confesemos, apreciamos que el mundo gire a nuestro alrededor. Pero

Jesús, simplemente, no tenía esa necesidad. Sus enemigos lo trataban como un nazareno, una persona despreciable, sin cultura y sin estatus político, pero eso no le perturbaba. Al contrario, se alegraba de no pertenecer al grupo de los fariseos. Le gustaba ser confundido con sus amigos. Muchos quieren ser diferentes a los demás, aunque no tengan nada de especial. Con todo, Jesús a pesar de ser tan diferente a la multitud, actuaba con naturalidad. Alcanzó una de las más bellas virtudes de la inteligencia: ser especial por dentro, pero por fuera común, aunque famoso.

Pensar en el comportamiento de Jesús nos asombra. Mientras sus enemigos planeaban su muerte, Él hablaba afirmando que era una fuente de placer, una fuente de agua viva. Mientras sus enemigos preparaban falsos testigos para condenarlo, Él encontraba tiempo para hablar de sí mismo con poesía, diciendo simbólicamente que era una vid que transportaba una rica savia capaz de satisfacer a sus discípulos y tornarlos en personas fructíferas (Juan 15.1-5). ¿Qué hombre es ese que expresa un ardiente placer de vivir en medio de un ambiente de pérdidas y rechazos? ¿Qué secretos se ocultaban en lo íntimo de su ser que lo inspiraban a hacer poesía donde solo había clima para llorar, y no para pensar?

Cristo vivió una paradoja brillante. Demostró un poder raro, pero a la hora de su sufrimiento evitó completamente su uso. ¿No les parece extraño eso? Por esa razón sus acusadores lo escarnecían a los pies de la cruz diciendo: «A otros salvó, a sí mismo no se puede salvar» (Mateo 27.42).

Sus detractores jamás podrían haber torturado a Aquel que exhalaba dulzura y amabilidad, pero se entiende que hayan quedado perturbados con el hecho de que hizo tanto por los demás, aunque nada por sí mismo. Jamás en la historia alguien tan fuerte dejó de usar su fuerza en beneficio propio. En el Getsemaní, Jesús no contuvo ni su propia taquicardia, ni su sudor ni el dolor de su alma. En la cruz no lo dejaron morir tranquilo. Un eco provocativo le hería la emoción ya angustiada: «Médico, sálvate a ti mismo». Pero aun debilitado, resistió. Utilizó todas sus células para comportarse como un hombre.

El hombre, un ser irremplazable

Cuando yo era un ateo acérrimo, pensaba que Dios era solo una fantasía humana, un fruto imaginario de la mente para calmar sus conflictos, una disculpa de la fantástica máquina cerebral que no acepta el caos del fin de la vida. Más tarde, al investigar el proceso de construcción de la inteligencia y percibir que hay en él fenómenos que sobrepasan los límites de la lógica, comencé a descubrir que las leyes y los fenómenos físicos no son capaces de explicar plenamente la psique humana. En milésimas de segundo somos capaces de entrar en los laberintos de la memoria y, en medio de billones de opciones, construir las secuencias de pensamientos con sustantivos, sujeto, verbos, sin saber de antemano dónde están guardados. ¿Cómo es eso posible? Intrigado, comencé a darme cuenta de que debía haber un Dios que se esconde detrás del velo de la creación.

Pregunté, cuestioné, investigué continuamente algunos misterios de la existencia. El arte de la pregunta ayudó mucho a eliminar los preconceptos y abrir las ventanas de mi mente. El contenido de las preguntas determina la dimensión de las respuestas. Solo los que no temen preguntar y cuestionar, incluso sus propias verdades, se podrán hartar con las más bellas respuestas. ¿Qué respuestas encontré? No necesito decirlas. Encuentre las suyas. Pregunte e investigue cuantas veces sean necesarias. Nadie puede hacer eso por usted. Nadie puede ser responsable de la conciencia del otro.

Permítanme afirmar que, al final de cuentas, las biografías de Cristo revelan algo nunca antes escrito o pensado. Esas palabras componen los textos más bellos de la literatura mundial.

Desde la óptica de la filosofía, la vida humana es una gotita existencial ante la eternidad. En un instante somos bebés y en otro somos viejos. Morimos un poco cada día. Miles de genes conspiran contra la continuidad de la existencia, trazando las líneas de la vejez, conduciéndonos al final del túnel del tiempo.

La historia de Cristo nos muestra que el Dios que no tuvo principio y no tendrá fin realmente se interesa en los complicados mortales. Sin analizar la historia registrada en los evangelios es difícil mirar al universo y no cuestionar: ¿quién nos garantiza que no somos títeres del poder del Creador? ¿Seremos simples objetos de su diversión que más tarde serán desechados en el torbellino del tiempo?

En las sociedades humanas, sobre todo en las democráticas, somos otro número de identificación, otro ser que compone la masa de la sociedad. Con todo, a pesar de ser Jesús una persona coronada de misterios, vino claramente con la misión de proclamar al mundo que cada criatura es única para Dios.

En la parábola del hijo pródigo (Lucas 15.11-32), de la oveja perdida (Lucas 15.3-7) y en tantas otras, ese agradable narrador de historias empeña su propia palabra, afirmando categóricamente que cada uno de nosotros es un ser irremplazable e inigualable, a pesar de nuestros errores, fallas, fragilidades y dificultades. Por eso usó su propia sangre como tinta para escribir un contrato eterno entre el Creador y la criatura.

Si los textos de los evangelios no hubieran llegado hasta nosotros, no sería posible que la mente humana concibiera la idea de que el Autor de la existencia tenía un Hijo y que por amar a la humanidad incondicionalmente, lo enviaría al mundo para vivir bajo las condiciones más inhumanas y al final, sacrificarse por ella (Juan 5.36). ¿Cómo puede el Creador amar tanto a una especie tan llena de defectos, cuya historia está sumergida en un mar de injusticias y violaciones de derechos?

El Hijo murió como el más indigno de los hombres y, mientras eso sucedía, el Padre lloraba intensamente, aunque no podamos atribuir lágrimas físicas a Dios. Lloraba con cada herida, con cada hematoma y con cada golpe de martillo que clavaba a su Hijo en la cruz.

Los padres no soportan el dolor de los hijos. Una pequeña herida en los hijos puede llevar a los progenitores a la desesperación. Verlos morir es sin duda el dolor más grande que puedan sufrir. Ahora, imagínese el dolor del Padre pidiéndole a Jesús que se entregara voluntariamente, dejando que los hombres lo juzgaran.

Según las Escrituras del Nuevo Testamento, hace dos mil años ocurrió el evento más importante de la historia. El más dócil y amable de los hombres fue maltratado, herido y torturado. Su Padre estaba presenciando todo su martirio. Podía hacer todo por Él, pero si intervenía la humanidad estaría excluida de su plan. Por eso no hizo nada. Fue la primera vez en la historia en que un padre tuvo pleno poder y pleno deseo de salvar a un hijo, de frenar su dolor, y castigar a sus enemigos y se abstuvo de hacerlo. ¿Quién sufrió más, el Padre o el Hijo? Los dos por igual.

El Autor de la existencia abrió una profunda valla en sus emociones mientras su Hijo moría lentamente. Ambos vivieron el espectáculo más impresionante del dolor. ¡Qué entrega tan arrebatadora! El inmenso cosmos quedó demasiado pequeño para el Todopoderoso. El tiempo, inexistente para el omnipresente, hizo por primera vez una pausa, demoró en pasar. Cada minuto se hizo una eternidad.

El comportamiento de «Dios Padre» y de «Dios Hijo» desmorona completamente nuestros paradigmas religiosos y filosóficos, deshace los parámetros de la psicología. En lugar de exigir sacrificios y reverencias de la humanidad, ambos se sacrificaron por ella. Pagaron un precio inmensurable para dar lo que consideraban el mayor regalo que un ser humano puede recibir, aquel que Cristo llamaba «otro Consolador», el Espíritu Santo. ¿Qué amor es ese que se entrega hasta las últimas consecuencias?

Tiberio César estaba sentado en el trono de Roma. Quería dominar la tierra con espadas, lanzas y máquinas bélicas. Pero el Autor de la vida y su Hijo, que declaraban ser los dueños del mundo, querían sujetarlo a una historia de amor.

El Padre y el Hijo, ¿son fuertes o débiles? Fuertes a tal punto que no necesitaban mostrar su fuerza. Grandes a tal punto que se mezclaban con las personas más despreciadas de la sociedad. Nobles a tal punto que querían ser amados por hombres y mujeres, y no tenerlos como sus esclavos o siervos. Pequeños a tal punto que solo son perceptibles a aquellos que los miran con el corazón. ¡Solamente alguien tan fuerte y tan grande es capaz de hacerse tan pequeño y accesible! Es imposible analizar al Padre y al Hijo sin sentir cuán mezquinos, orgullosos, individualistas y fríos somos emocionalmente.

Los objetivos de Jesús no eran sus milagros exteriores. Esos eran pequeños delante de su real deseo de transformar el interior del ser humano, reparar las avenidas de sus pensamientos, oxigenar los rincones de las emociones y hacer un aseo general en los sótanos inconscientes de la memoria.

Solamente un cambio de naturaleza conduciría a las criaturas a conquistar las características más importantes de la personalidad vividas ampliamente por Cristo. Si cada uno, independientemente de la religión que profesa, incorporase a sus personalidades algunas de esas características, la tierra no sería más la misma. Los consultorios de los

185

psicoterapeutas quedarían vacíos. No habría más violencia ni crímenes. Las naciones no gastarían una moneda más en armas. La miseria y el hambre serían extinguidas. Los presidios se tornarían en museos. Los soldados se volverían romanticistas. Los jueces desvestirían sus togas. No habría más necesidad de que la Declaración Universal de los Derechos Humanos sea la carta magna de la ONU, pues el amor, la preocupación por las necesidades de los demás, la solidaridad, la tolerancia, los intentos por ayudarse mutuamente, el pleno placer, el sentido existencial y el arte de pensar serían cultivados indefinidamente. Las sociedades se tornarían en un jardín con una sola estación, la primavera.

El Maestro de las emociones iba hacia el caos

Estudiamos la trayectoria de Cristo hasta el Getsemaní. Ahora llega el momento en que el Maestro de las emociones es arrestado y juzgado. El mundo de ahora en adelante conocerá la secuencia más dramática del dolor físico y psicológico que un hombre haya soportado. Son más de treinta formas de sufrimientos, tema a ser estudiado en otro libro de esta colección. Jamás alguien pagó conscientemente un precio tan alto por alcanzar sus objetivos, por materializar su sueño.

Después de haber estudiado cada una de las etapas del sufrimiento que Jesús vivió en los momentos finales de su vida y la forma en que se comportó delante de ellas hasta morir de deshidratación, hemorragia, agotamiento y falla cardiaca, probablemente nunca más seremos los mismos.

Algunos ante las angustias, desisten de sus sueños y a veces hasta de la propia vida. Cristo era diferente, amaba vivir cada minuto. Estaba consciente de que lo herirían sin piedad, pero no retrocedería. Había previsto que lo iban a humillar, que irían a escupirle en la cara y lo convertirían en un espectáculo público de vergüenza y dolor, pero permanecía parado, firme, mirando fijamente a los ojos de sus acusadores. La única forma de cortarlo de la tierra de los vivientes era matándolo, extrayendo cada gota de su sangre.

Nunca alguien que sufrió tanto demostró con convicción que la vida, a pesar de todas sus turbulencias, ¡vale la pena vivirla!

Acerca del autor

Augusto Cury es médico, psiquiatra, psicoterapeuta y escritor. Posee un posgrado en Psicología Social, y desarrolló la teoría de la inteligencia multifocal, acerca del funcionamiento de la mente y el proceso de construcción del pensamiento.

Sus libros ya vendieron más de siete millones de ejemplares en Brasil y en más de cuarenta países, destacándose entre ellos: *A ditadura da beleza e a revolução das mulheres* [La dictadura de la belleza y la revolución de las mujeres]; *O Futuro da humanidade* [El futuro de la humanidad]; *Padres brillantes, maestros fascinantes; Nunca renuncies a tus sueños; Tú eres insustituible*, y la colección *Análisis de la Inteligencia de Cristo*.

Cury también es autor de *Inteligência Multifocal* [Inteligencia Multifocal]; *Doze semanas para mudar uma vida* [Doce semanas para cambiar una vida] y *Superando o cárcere da emoção* [Superando la cárcel de la emoción].

Conferencista en congresos nacionales e internacionales, es también director de la Academia de Inteligencia, instituto que promueve el entrenamiento de psicólogos, educadores y del público en general.

Para hacer contacto con la Academia de la Inteligencia, acceda al sitio Web www.academiadeinteligencia.com.br.

OTROS TÍTULOS DE LA COLECCIÓN ANÁLISIS
DE LA INTELIGENCIA DE CRISTO

El Maestro de maestros

En el primer volumen de la colección, Augusto Cury hace un original abordaje de la vida de ese gran personaje, revelando que su inteligencia era mucho más grandiosa de lo que imaginamos.

El Maestro de la vida

En el tercer libro de la colección, Augusto Cury nos presenta las bellísimas lecciones de vida que Jesús nos dio en toda su historia, principalmente ante las dramáticas sesiones de tortura y humillación que ocurrieron en su juicio.

El Maestro del amor

En el cuarto volumen, conocemos el amor incondicional que Jesús tenía por el ser humano. Augusto Cury revela las reacciones y las profundas palabras declaradas por el maestro en su lecho de muerte.

El Maestro inolvidable

El último libro de la colección estudia la fantástica transformación de la personalidad de los discípulos durante su peregrinación con Jesucristo y cómo desarrollaron con excelencia las inteligencias espiritual, multifocal, emocional e interpersonal.

Otro título del
Dr. Augusto Cury

DR. AUGUSTO CURY
Más de 7 millones vendidos

Análisis de la Inteligencia de Cristo

El Maestro
de
maestros

Jesús, el educador más grande
de todos los tiempos

ISBN: 9781602551237

GRUPO NELSON
Desde 1798

Para otros materiales, visítenos a:
gruponelson.com

Printed in the USA
CPSIA information can be obtained
at www.ICGtesting.com
LVHW020708050824
787165LV00009B/58